中学受験国語

「気持ち」を読み解く読解レッスン帖

増補改訂版

前田悠太郎

第二章 「行動」から「気持ち」を理解する

第三章　「気持ち」の読み取りを間違えてしまう要因について

はじめに

「もしや、子どもたちは『気持ち』がわかっていないのでは？」

個別指導という関わりで、子どもたちと一対一で向き合って教えていくなか、この疑問が生まれ、やがて確信へと変わっていきました。

どのようなときに、どの「気持ち」を表す言葉を使うのか

これは、学校では決して教わりません。

ご家庭でも教える機会はそうないものでしょう。

しかし、入試問題では、「気持ち」は必ず問われます。

物語文とは、**気持ちを問う文章です**。塾ではわかりにくい気持ちに絞って教えますが、それでも多くの子どもたちは間違えてしまいます。

何が正しいのか、何が間違っているのかわからず、気持ちを表す言葉を子どもたちは使っています。そのため、「**ここは教えるまでもない**」と思っていた**部分の間違い**、想定外の間違いを、多く見てきました。

これまで私が指導した、実際の生徒たちの例を紹介します。

ケース① 悲しむべきことがわからないAくん

6年生のAくんは、都心部の極めて裕福な地域に住んでいる子どもでした。

長年飼っている犬が死んでしまい、家中が悲しみにくれる、という文章を扱ったときです。

Aくんはずっと、「よくわからない」という表情で文章を読んでいました。

文章の内容を確認しているときに、その理由がわかりました。Aくんから

「なんでこの家族はみんな泣くほど悲しんでいるの？」

という予想外の質問を受けました。私はその質問の意図が掴めずに、「ペットが死んだからでしょ」とさらっと答えました。するとAくんは笑いながら

「ペットが死んだくらいで泣くなんてバカじゃん」

と、言ってきました。「悲しい」という「気持ち」を当然のように思い浮かべた私は、はっとした思いになりました。

これは、決して、このAくんが冷たい、ということではないです。Aくんは明るく、真面目で、そして優しい子どもでした。その発言後もそう思っています。

ただ、Aくんが、ふかふかした毛で覆われた、あたたかな血が流れている動物と接する機会がなかった、というだけのことです。また、それまでに読んだ論説文の影響からか、「人間と動物に大きな差がある」という考えを持っていました。

「**ペットは家族**」という想いは、実際にペットを飼っているご家庭では当然お持ちでしょう。ただ、そうでないご家庭で育った場合は、実感することはできません。「**知識**」として知っているかどうか、ということになります。

「長い間、いっしょに生活してきたんだから、愛情がわくものでしょう。お家で同じときを一緒

に過ごしてきたんだから、**ペットは家族と同じくらい大切な存在**なんだよ」とAくんに伝えました。

ケース② 人を悪く思わないBくん

5年生のBくんも裕福なご家庭で育った、都心に住む子どもでした。のんびりとした性格で競争意識がほとんどなく、そのことがお母さんの悩みのタネでもありました。

主人公が、**自分より優れたモノを作った友人に「嫉妬する」**という「気持ち」を抱く文章を扱ったときです。

自分よりすごい、という相手に対してどういう気持ちを抱くのか、Bくんはまるでわかりませんでした。

「嫉妬する」「ねたむ」「うらやましい」という気持ちがそれにあたるよ、と伝えてもBくんはピンときません。それらの言葉も聞いたことがあるが、よく意味はわからない、ということで、意味を説明したら

「自分よりすごいことをやった、っていうのは、その人が自分より努力をしたからでしょ。じゃあ、悪く思うのは変じゃん」

と返されて、困りました。考えそのものは、人として模範的ともいえるので、否定することにためらいがありました。

ただ、理解はできますが、その認識は一般的な認識とズレがあり、ましてや中学受験国語の入試では**主人公の葛藤を扱ったものが多く出題されます。**

そういう意味では、**多くの人に共通してわき起こる「気持ち」というものをしっかりと教えなくてはいけません。**

「君はそう考えるかもしれないが、**『多くの人』はこう思うんだよ**」という「**知識**」を伝えなくてはいけませんでした。

ケース③　「泣く」ということしか知らないCくん

5年生のCくんは、やや幼さを感じさせる子どもでした。

雄大な自然を見た主人公の胸が熱くなったという文章を扱ったときです。文章の「胸が熱くなる」という部分に傍線があり、どういう気持ちか問うものがありました。解答の「感動する」という「気持ち」に、Cくんは「絶対に違う！」と言い張りました。

理由を聞くと

「感動って、泣くことでしょ？　主人公は泣いてないんだから、感動してない！」

と強く主張していました。

なるほど、「感動する」から「泣く」という流れは確かにわかります。ただ、問題なのは、Cくんが「**感動する**」**と人は必ず**「**泣く**」**ものだ**、と思い込んでいることでした。

映画や本のテレビコマーシャルでは「感動した」「泣けた」という言葉がセットで流されます。それが一つの要因でしょう。また、「自然を見て感動する」ということは子どもには縁遠いことでもあるでしょう。なじみがない「状況」でもあったので仕方ないことかもしれません。

「『感動する』と、泣くことばかりでもないんだよ。この『胸が熱くなった』という様子は、『感動する』という『気持ち』のときによく使われるんだ」と「**知識**」として教えました。

ケース④　ひそかな恋心がわからないDさん

6年生のDさんは、やや年の離れたお兄さんもいて、語彙や考え方が大人びた女の子でした。

主人公の中学生の男の子に、同級生の女の子がぶっきらぼうな態度ながら、親切な行いをするという文章を扱ったときです。

なぜその女の子は主人公に優しくしたのか、ということの確認を行ったところ、Dさんは「恋心を抱く」という「気持ち」に結びつけられませんでした。

「ぶっきらぼうな態度だから好きじゃないと思う」とDさんは反論してきました。

男の子や、幼さを感じさせる女の子ならともかく、Dさんのような子がわからないのは少々意外でした。

「好きな子に、恥ずかしくてなかなか話しかけられないっていうことはないの？」

と私が問うと

「好きならガンガン話しかけるよ」


との返答でした。

恋愛モノの定番ともいえる「好きな相手に素直でない態度をとる」ということを、実体験からつなげようと考えていたのですが、全くそれが通じませんでした。

Dさんに限らず、**恋愛が絡んだ文章は、子どもにとって鬼門**の場合が多いです。恥ずかしさもあってか、なかなか理解しようとしてくれない、好きという気持ちが未経験だからまったく見当がつかない、ということもあります。

しかし、Dさんのような答えは初めてで、誇張でなく思わず頭を抱えてしまいました。

Dさんはよく**ケータイ小説**を読んでいて、私にも薦めてくれました。ある意味現代風の、そして**一般的とは言い難い恋愛のお話**なので、内心いかがなものか、とは思っていたのですが。その本の影響を受けた返答かもしれません。とはいえ、こんな返答が来るとは想定外でした。

「小中学生はなかなか相手に思いを素直に伝えられない、という物語が多いんだよ。だから、ちょっと誤解されるような態度をとってしまうものなんだよ」と「**知識**」として教えることが必要でした。「恋心」から導かれる「行動」が「積極的アプローチ」だとは、小学生を主人公に描く作家さんでもなかなか思い浮かばないでしょう。

＊　＊　＊

さて、いかがだったでしょうか？

この生徒たちを、**極端な、例外的な存在**と感じるかもしれません。

しかし、前述の通り子どもたちはどういうときに、どういう気持ちを抱くのか、ということをこれまで教わってきていません。

この四人の生徒たちの例ほどでなくとも、多くの子どもたちは大なり小なりの間違った考えを持っています。その間違った認識は、普段の過ごし方に大きく影響を受けます。

例えば

・絵本ばかり読んでいて、二面性がある人物の気持ちがまるでわからない。
・推理小説ばかり読んでいて、「怒る」でなく、「殺意」という言葉を平然と使う。
・都心での環境しか知らないので、田舎に住んでいる人物の考え・行動がよくわからない。

・女の子ながら男の子とばかり遊んでいて、女の子同士の関係性がピンと来ない。

といった認識を持った子どもたちを数多く見てきました。

大人から見ると、あきらかに間違いだとわかるものでも、子どもには「何が間違いなのか」わからないものです。

繰り返しますが、「**これまで学んできたことがなかった**」というだけのことです。学んできていないことですから、できなくても仕方がない面もあります。

学んでいないからできないのであれば、学べばいいだけのことです。

「気持ちをゼロから、ひとつずつ、ていねいに学んでいく必要がある」

ということを念頭に置いて、この本をお子さんと一緒に読んでいきましょう。

まとめ

① 子どもは「気持ち」を知っている・わかっているという前提を捨てる
② 「気持ち」をゼロから学んでいくという認識を持つ

第０章　「気持ちのわく流れ」を理解する

「気持ち」そのものについて学ぶ前に、その大前提となる「気持ちのわく流れ」というものを知ってもらいます。

すでに塾などで学んでいるかもしれませんが、この「気持ちのわく流れ」は、物語文を理解するうえで、非常に重要で、奥深いものです。

ぜひ、内容の確認をしてください。

大前提！「気持ちのわく流れ」を知ろう！

「気持ち」そのものについて学ぶ前に、物語文における「気持ちのわく流れ」について知りましょう。

意味もなく、急に悲しくなったり、うれしくなることが日常ではあるかもしれません。

同じように、意味もなく、笑い出したくなったり、泣きだしたりすることがあるかもしれません。

しかし、物語文では意味もなく、つまり、理由がなく「ある気持ち」になることはありません。

また理由がなく「ある行動」をすることもありません。

そこには、**必ず理由があります**。

具体的に、どういう流れがあるのか、見ていきましょう。

「気持ちのわく流れ」

「気持ち」は、次のような流れで導かれます。

状況（出来事・きっかけなどと呼ばれるもの）
←
気持ち
←
行動（様子・セリフ・情景描写なども含む）

という順序によって起こります。

具体的には…

クラスで自分一人だけテストで百点がとれた（**状況**）
← だから
うれしい（**気持ち**）
← だから
ガッツポーズをした（**行動**）

あるいは

お母さんに、自分が悪くないのに怒られた**（状況）**
←　だから
悲しい**（気持ち）**
←　だから
泣き出した**（行動）**

逆に見ると…

笑い出した**（行動）**
←　なぜ？　どうして？
面白い**（気持ち）**
←　なぜ？　どうして？
大好きなお笑い番組を見て**（状況）**

という流れになります。

この流れが絶対です。一部の心理学者や、心構えを説くような一部の本には「行動」を行うことで、「気持ち」が引き起こされる、ということを主張します。

例えば

「笑顔を作ろう」→「そうすれば楽しい気持ちになるさ」

という流れです。

しかし、中学入試の国語においては

「状況」→「気持ち」→「行動」

という順番です。繰り返しますが、絶対です！

「気持ちのわく流れ」から、「気持ち」を推測する

この「気持ちのわく流れ」をヒントに、「気持ち」がなんなのかを考えるようにします。

つまり、「気持ち」をわかるために

こういう「状況」になったから、こういう「気持ち」になるのでは？
こういう「行動」をとったのは、こういう「気持ち」だからでは？

というように、**「状況」と「行動」から推測する必要がある**、ということになります。

前述のA君、B君は「状況」から「気持ち」の流れが、C君、Dさんは「気持ち」から「行動」の流れが間違っていました。

国語を苦手とする子ども、あるいは得意とする子どもであっても、これらのつながりが間違っていることがよくあります。

まずはこの、「状況」からの「気持ち」、「気持ち」からの「行動」、という流れ、つまり因果関係を知り、理解し、覚える必要があります。

もちろん、物語文のすべての登場人物が、同じような「状況」のときに、同じような「気持ち」になり、そして同じように「行動」する、ということはありえません。

しかし、個人差を考える前に、「多くの人物に共通する気持ちのわく流れ」を学びましょう。
第一章では、「状況」から「気持ち」を導くことを、第二章では「行動」から「気持ち」を引き出すことを、練習します。

「気持ちのわく流れ」を利用した記述

この「状況」↓「気持ち」↓「行動」という流れは、因果関係でつながっています。
つまり

こういう「状況」だから、こういう「気持ち」になる
こういう「気持ち」だから、こういう「行動」をとる

というように表せます。
接続語の授業で扱っているかと思いますが、
「だから」は、上が「理由」（原因）・下が「結果」を表すものです。
このような「理由」と「結果」でつながった関係があります。
次のような形になります。

「状況」という「理由」
↓　だから
「気持ち」という「結果」　＝　「気持ち」という「理由」
↓　だから
「行動」という「結果」

これを利用すると、二十字から三十字程度の、「気持ち」を求められた記述の問題で何を書いたらいいのか、ハッキリします。

「気持ち」を問う設問は、「行動」に傍線部があり、「なぜ？」と理由を問うものが主流です。

「行動」の理由は、「気持ち」です。

ですから、答えの核は、「気持ち」になります。

しかし、それだけでは字数が短いです。

「〇〇〇な気持ち。」と書いても、「。」を含めて八文字程度です。

さらに、「気持ち」の理由でもある、「状況」を付け加えます。

例えば、

「テストで悪い点数を取りお母さんに怒られたので、悲しい気持ち。」（三十字）

「ケンカしていた友達と仲直りができたのでうれしい気持ち。」（二十七字）

と、「状況」と「気持ち」を書けば、短い記述問題の答えとしては、充分な内容です。

(もちろん、単純化してお話していますので、例外はあるでしょう。しかし、「気持ち」を問われた記述問題の答えの基本形であるのは確かです。まずこの形を目指すべきです)

この「気持ちのわく流れ」を、まずはしっかりとおさえましょう。

文章内の「気持ち」の読み取りの基本となり、その流れが記述の基本の形ともなります。

この理解なく、物語文の読み取りはできません。

「大前提」と表現しましたが、誇張でもなく、必須の知識です。

かならず、必ず、覚えましょう！

演習「状況」・「行動」を考えてみよう

「気持ちのわく流れ」を理解することの大事さが伝わったら、さっそくその流れを自分で作ってみましょう。

本書の演習部分は必ずお子さんと一緒にやるようにしてください。（もちろん、いきなり挑戦するのでなく、親御さんがこれまでの内容をかいつまんで教えてからでお願いします）

「気持ち」を答えてもらうのは、次の章からです。まずは、より取り組みやすい「状況」・「行動」を考えましょう。

では、次のページから、実際にやっていきましょう。

〈答え〉はお子さんも見ましょう。親御さんは〈補足〉の部分も目を通すようにしてください。

演習①「状況」を考えてみよう

次の（　）の中に、あてはまるような「状況」、つまり「こんなことがあった」、「こんなふうに思った」ということを考えて、例にならって書いてみましょう。

例（お母さんがおこづかいを多くくれた　）から、うれしい気持ちになった。

うれしい気持ちになったから、ニコニコした。

①（　　　　　　　　　　　　）から、悲しい気持ちになった。
悲しい気持ちになったから、泣いてしまった。

②（　　　　　　　　　　　　）から、おどろく気持ちになった。
おどろく気持ちになったから、思わずさけんでしまった。

③（　　　　　　　　　　　　）から、さびしい気持ちになった。
さびしい気持ちになったから、目になみだが浮かんでしまった。

④（　　　　　　　　　　　　）から、不安な気持ちになった。
不安な気持ちになったから、おどおどしてしまった。

⑤（　　　　　　　　　　　　）から、怒る気持ちになった。
怒る気持ちになったから、つくえをバシッとたたいた。

⑥（　　　　　　　　　　　　）から、楽しい気持ちになった。
楽しい気持ちになったから、自分でも気付かないうちに、鼻歌を歌っていた。

⑦（　　　　　　　　　　　　）から、はりきる気持ちになった。
はりきる気持ちになったから、「やるぞ！」とさけんだ。

⑧（　　　　　　　　　　　　）から、はずかしい気持ちになった。
はずかしい気持ちになったから、顔がまっかになった。

〈答え〉

答えはひとつではありませんが、たくさんありますが、一応、例として載せておきます。

①（アイスをまちがって道に落としてしまった）から、悲しい気持ちになった。
悲しい気持ちになったから、泣いてしまった。

②（テストが思っていたよりも悪い点数だった）から、おどろく気持ちになった。
おどろく気持ちになったから、思わず「えっ！」とさけんでしまった。

③（お家でひとりきりで留守番していた）から、さびしい気持ちになった。
さびしい気持ちになったから、目になみだが浮かんでしまった。

④（お家を出るときにカギをかけ忘れたような気がした）から、不安な気持ちになった。
不安な気持ちになったから、おどおどしてしまった。

⑤（大切にしていた本を友達にやぶかれた）から、怒る気持ちになった。
怒る気持ちになったから、つくえをバシッとたたいた。

⑥（大好きな作家の新しい本が今日発売だと知った）から、楽しい気持ちになった。
楽しい気持ちになったから、自分でも気付かないうちに、鼻歌を歌っていた。

⑦（運動会のリレーのアンカーに選ばれた）から、はりきる気持ちになった。
はりきる気持ちになったから、「やるぞ！」とさけんだ。

⑧（　クラスのみんなの前で歌をうたった　）から、はずかしい気持ちになった。
　はずかしい気持ちになったから、顔がまっかになった。

あくまで、一例です。採点は、親御さんがしましょう。

〈　補足　〉

採点のポイントとして、「多くの人が同意できるか」ということを意識します。

お子さん本人が納得できることでなく、あくまで一般的なことを書いてあるか、ということが重要です。

例えば

①（　テストで九十九点だった　）から、悲しい気持ちになった。
　悲しい気持ちになったから、泣いてしまった。


という文はよろしくないです。

テスト、と言われれば、多くの人は「百点が上限のもの」を想定します。

そのテストで一点だけ届かない点数であれば、充分に「うれしい気持ち」になるものではないでしょうか。

ならば、「悲しい気持ち」を導く「状況」としては、不適切です。

こういうことを言うと、必ず

「百点満点って書いていないじゃん。二百点満点のテストかもしれないじゃん」

「他の子みんなが百点で、この子だけ九十九点だったかもしれない」

「今までずっと百点で、九十九点でも百点に届いてないから悲しいんだよ」

と、反論する子どもがいます。

そういったへ理屈は個人的には大好きなのですが、この学習においては、認めてはいけないものになります。

本書の目的としては、大人が当たり前とする「気持ち」の学習です。そこには「多くの人が同意できる」というものが前提にあります。

子どものへ理屈が、ちゃんと大人が想定している当たり前を知っての発言なのか、それとも、知らないからこそ出てくるものなのか、が重要になります。

前者ならばよいのですが、後者は必ず修正すべきことになります。

その確認にもなりますので、「多くの人が同意できるか」という観点から、採点しましょう。

クラスの友だちの多くが「そうだね」と言ってくれるような内容を書きましょう。

演習 ② 「行動」を考えてみよう

次の（　）の中に、あてはまるような「行動」、つまり「こんな表情になった」、「こういう動きをした」「こんなことを言った」ということを考えて、例にならって書いてみましょう。学校のクラスのほとんどの子が納得するようなものを書いてみましょう。

例　今日の晩ごはんに、大好きなカレーをお母さんが作ったから、うれしい気持ちになった。

うれしい気持ちになったから――

表情……（笑顔になった）
行動……（ガッツポーズをした）
セリフ……（「やったぁ」と言った）

① 友達がボクの悪口を言っているのを、聞いてしまったから、悲しい気持ちになった。

悲しい気持ちになったから――

表情……（　　　　　）
行動……（　　　　　）
セリフ……（　　　　　）

② 暗がりからいきなりなにか飛び出したから、おどろく気持ちになった。

おどろく気持ちになったから――

表情　……（　　　　　　　　　　　　　）
行動　……（　　　　　　　　　　　　　）
セリフ　……（　　　　　　　　　　　　）

③　弟がすぐにばれてしまうようなウソをついたから、あきれる気持ちになった。
　　あきれる気持ちになったから——
表情　……（　　　　　　　　　　　　　）
行動　……（　　　　　　　　　　　　　）
セリフ　……（　　　　　　　　　　　　）

〈答え〉

さきほどと同じで、答えはひとつではありません。あくまで、例になります。

①　友達がボクの悪口を言っているのを、聞いてしまったから、悲しい気持ちになった。
　　悲しい気持ちになったから——
表情　……（　暗い顔になった　　　　　）
行動　……（　泣いた　　　　　　　　　）
セリフ　……（　「そんな……」とつぶやいた　）

② 暗がりからいきなりなにか飛び出したから、おどろく気持ちになった。
おどろく気持ちになったから――
表情　……（　目を大きく開いた　）
行動　……（　体が大きくのけぞった　）
セリフ　……（　「わぁ！」と叫んだ　）

③ 弟がすぐにばれてしまうようなウソをついたから、あきれる気持ちになった。
あきれる気持ちになったから――
表情　……（　力がぬけた顔になった　）
行動　……（　肩をすくめた　）
セリフ　……（　「やれやれ」とつぶやた　）

採点は親御さんにお願いしましょう。

〈補足〉

「行動」の書き方として、大きく分けて二つになります。

① 自分を含めた、多くの人が実際にやる行動

② 小説のみでよく見るような描写の行動

この二つです。

前者は、お子さんの日常的に目に入るもので、納得しやすいものだと思います。

問題は、後者です。

小説固有の、つまり「実際にこういう行動をとる」というものと、大きな乖離があるものが中心となります。

率直に言って、小説固有の表現への理解は、読書量に比例します。
①の行動は、視覚情報が中心のものが多いでしょう。
②の行動は、他の感覚も多く使われるものです。
例えば

・胸が熱くなった
・視界がぼやけてきた
・いつもより、コーヒーが苦く感じた

など、外部からはわかりづらい、わからない体感を用いた表現も多くあります。文字だからこそ可能な描写ではありますが。

それらは、「この表現はこういうことを表す」という知識として少しずつ蓄積していかなくてはなりません。

もし、お子さんが②の表現を使ったのならば、素晴らしいです。おおいに誉めましょう。

この章では、あくまで「気持ちのわく流れ」の確認なので深入りはしません。

ただ、この「小説固有の描写の行動」から、「気持ち」を引き出すことも今後の学習の重要な要素となります。

第二章、あるいは、日々の学習で使うテキストの復習を怠らずに、少しずつ蓄積をしましょう。

まとめ

①「気持ち」は、理由もなくわき起こらない。必ず理由となる出来事がある
②「状況」↓「気持ち」↓「行動」という流れがある。例外はない
③「状況」から、あるいは、「行動」から、「気持ち」を考える
④「状況」と「気持ち」を書けば、記述問題の答えの土台はできあがる

コラム① 気持ちを学ぶということ

次のことに少しでも心当たりはありませんか?

・卒業式の日、友達はみんな泣いているのに、自分だけ涙を流すことはなかった。
・知人の死の知らせを聞いても、悲しくなることがなかった。
・友人が自分の誕生日を内緒で準備してお祝いしてくれたのに、うれしさがわかなかった。

どうでしょうか。そして、そのことに罪悪感のようなものを抱いたことはないでしょうか。罪悪感とまでいかずとも、「みんなと違うノリで申し訳ないなぁ」くらいは、思うことがあるでしょう。

「他の人がそうしてるのに、自分だけそうじゃないなんておかしいのかな」
「ここでは本来涙を流すべきところなのに、泣かないのはいけないのかな」
「ふつうなら、喜ぶべきことなのに、申し訳ないな」

そういうことを思う、ということは、「ある状況に対して、どの感情が適切なのか判断する規範」という前提を、私たちが持ち合わせている、ということになります。

心理学者のＡ・Ｒ・ホックシールドはそれを「感情規則」と名付けています。

規則に従う場合での感情があり、その規則にそぐわない感情を抱いた場合の齟齬から、罪悪感が出てくる、としています。

私たちの感情は、「こうあるべき」といういわば前提、すなわち、この「感情規則」に従っています。

そして、入試問題には、早熟な感性のために周囲が当たり前と見なすものごとに抵抗を感じて、同級生と不和が起こり、自身のあり方を振り返る、といったお話も出てきます。

受験学年時には、そういった例外的な感性を持つ人物の理解もできることが望ましいですが、ひとまずその前に、多くの人がそうあるべき「気持ち」というものを学ぶ必要があります。

物語文で出題される「気持ち」をわかるために、この「感情規則」というもの、つまり「暗黙の了解の気持ち」を改めて学ぶべき、という認識を持った方が無難です。

次の章から、ひとつひとつ学んでいきましょう。

第一章 「状況」から「気持ち」を理解する

この章の目的は、多くの人に共通する、「こういうときはこういう気持ちになる」というものを知り、「状況」から「気持ち」を導けるようにすることです。

「知っている」、「当たり前だ」と思うものが多くあると思います。

しかし、その「当たり前だ」という土台をしっかりと確認するのが、本書の目的です。

国語を苦手とされている子どもは、必ずひとつひとつ丁寧に確認していきましょう。

「状況」から「気持ち」を導くとは

第0章で扱った、「気持ちのわく流れ」をもう一度確認しましょう。

状況（出来事・きっかけなどと呼ばれるもの）
↓
気持ち
↓
行動（様子・セリフ・情景描写なども含む）

何度も確認しますが、「気持ち」は、理由もなくわき起こるものではありません。
必ず理由があり、その理由とは、「状況」になります。
物語文で「気持ち」を問われたら、この「状況」をもとに考えます。
つまり
「こういうことが起きたのならば、こういう気持ちになるのではないか」
と、推測します。
この章では、「状況」から「気持ち」を導くことを練習しましょう。

「状況」から「気持ち」を導く前に

さて、その前に、確認しなくてはいけないことがあります。
第0章から、何の気なしに使っていた、「状況」、「気持ち」と言う言葉です。

あまりにも当たり前に使っていますが、どういうものか、しっかりと定義します。

「状況」とは

一般的に「出来事」と表現されます。

実際にその場で起こったことを指すのはもちろんです。

しかし、その他にも、過去に起こった出来事を思い出す、現在の別の場所でのことを考える、未来に起こるであろうことを想像するということからでも「気持ち」はわき起こります。

実際に起きたこと以外のことも指す、ということ強調するため「状況」と表現しています。

「気持ち」とは

① そもそも「気持ち」とは、なにか

中学受験国語として、「気持ち」とは

「こういうときに抱くもの（気持ち）」

としか表現できません。これ以上の説明は不要です。そして、困難でもあります。

「気持ち」の理解は、「状況」の理解でもあり、両者は不可分で一緒に知っておくべき「知識」です。

「子どもたちは気持ちがわかっていないのではないか」という考えが本書の原点です。

第0章から、「多くの人」「当たり前」などの言葉を何度も使っていました。

子どもたちそれぞれの考えもあるでしょうが、まずは「多くの人が納得する気持ち」の理解を求

めるべきと考えるからです。

「気持ち」の土台を学ぶ学習段階としては、「こういうものだ」と覚えなくてはならないものがあります。

②「気持ち」を表す言葉とは、なにか

「気持ち」を表す言葉とは、簡単に言えば「心の動き」を表す言葉です。

多くは形容詞（〇〇〇い、と表現される、「うれしい」「かなしい」など）です。

それ以外に、動詞が含まれます。「見下す」「ためらう」「はげます」などがそうです。

具体的な行動を意味していない、内面の動きでもあるので、中学受験国語では「気持ち」を表す言葉として使われています。

また、熟語に「する」という動詞を組み合わせた「〇〇する」と表されるものもあります。「安心する」「満足する」「同情する」などが挙げられます。

これらも内面の動きを表しているものと言えます。（「安心な」気持ち、「満足な」気持ち、とすると、形容動詞でもあります）

さらに、「〇〇を〇〇する」、「〇〇が〇〇」といったもの、例えば「優越感を抱く」「自信がある」などの二文節以上のものもあります。

第0章で、「行動」は小説固有のものがあり、読み取りに蓄積が必要と表現しました。

同様に、中学受験国語の「気持ち」も特有のものがあり、蓄積が必要です。

中学入試に頻出するもの、と考えると、同義語を除き百個程度、といったところでしょう。

状況と気持ちはほぼ同じもの。
重なり合っているので分けることはできない。

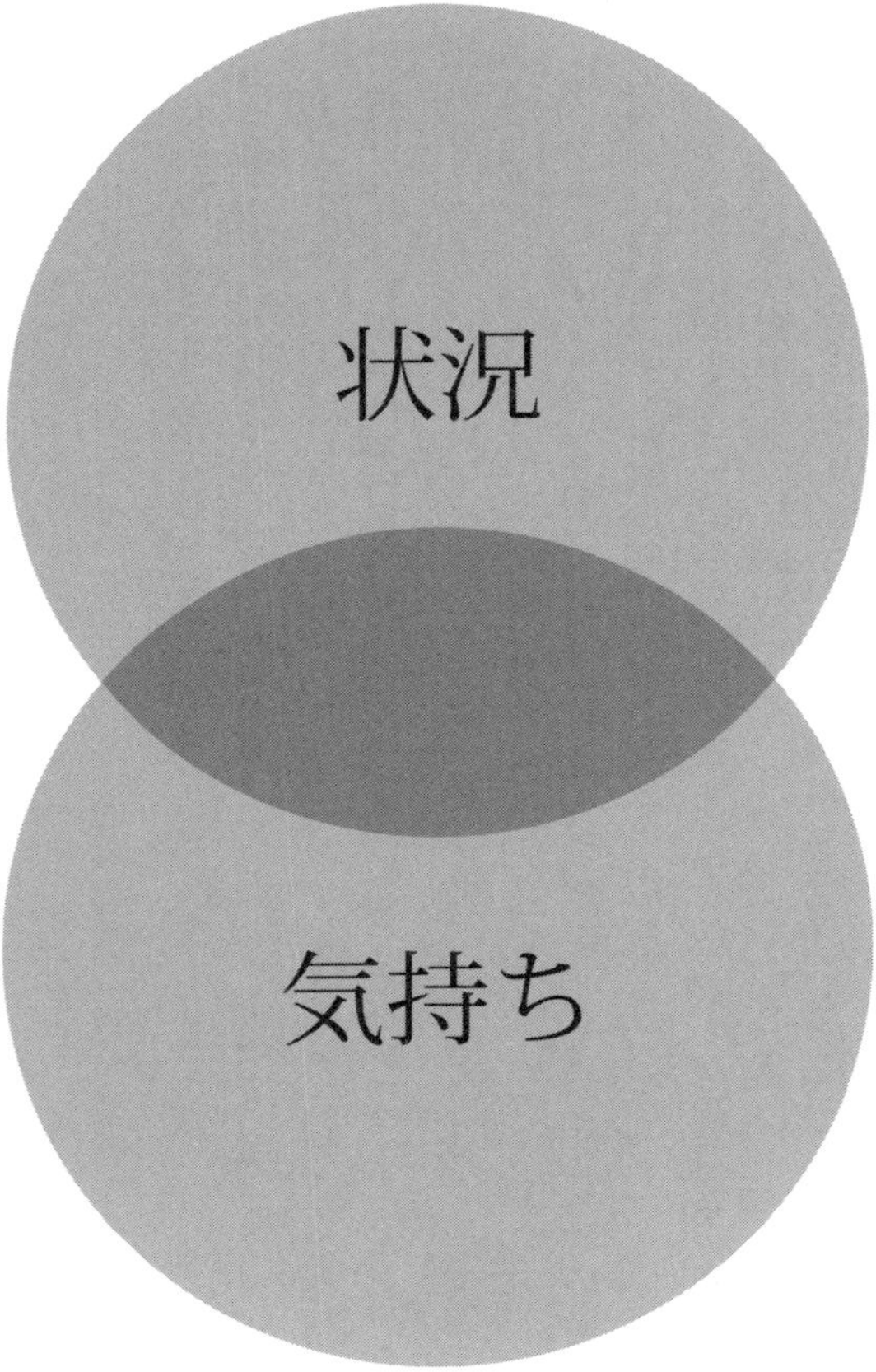

見慣れないものを意識するのでなく、まずは、頻出のものを正確に理解しましょう。

演習　「状況」から「気持ち」を導こう

「こういう状況だから、こういう気持ちになるのでは？」という考え方で、気持ちを考えていきます。しかし、「気持ち」は「状況」と不可分と記しました。考える、というより、最終的には覚えていくことが必要となります。

最初は「こういう気持ちもあるのか」ということを知っていく、という感覚で行いましょう。

二回目から、「この気持ちは、こういうときに使うのか」と、確認していきましょう。

様々な「状況」ごとにまとまっています。ひとつずつこなしていきましょう。

〈答え〉はお子さんも見ましょう。親御さんは〈補足〉の部分も目を通すようにしてください。

①　身近なプラスの気持ち

ごく基本的な気持ち言葉の確認になります。確認するまでもない、と感じるのもわかります。

ただ、知っているものでも改めてどういうときに使うものなのか、丁寧に確認しましょう。

問題　次の文章にふさわしい気持ち言葉を次から選び、答えなさい。
　　　末尾の（　）内の人物の気持ちを答えます。

［　楽しい　・　うれしい　・　喜ぶ　］

① 今日はママが、私の大好きなお手製のハンバーグを作ってくれる。私はニコニコしながら待っている。（私）
② パパに内緒で誕生日のパーティーを計画した。パパが帰ってくると同時にクラッカーを鳴らしてお祝いした。パパは笑いながら私を抱き上げてくれた。（パパ）
③ しばらく学校をお休みしていて、ようやく今日友達と学校で会うことができた。ぼくは休み時間に友達と久々に遊ぶことができた。（ぼく）

〈答え〉

① うれしい

自分に、あるいは自分に近しい人に良いことが起きたときの気持ちです。

② 喜ぶ

自分に、あるいは自分に近しい人により良いことが起きたときの気持ちです。「うれしい」よりも、もっとうれしいときの気持ちが「喜ぶ」です

③ 楽しい

自分にとって好ましいもの・ことを、見る、聞く、実際に行うなどしているときの気持ちです。

〈補足〉

①の「うれしい」と、②の「喜ぶ」は、ほぼ同じ説明になってしまいました。しかし、「状況」というものに注目すると「うれしい」と「喜ぶ」の差はほぼないでしょう。

ただ、ここで意識して欲しいことがあります。それは

「気持ちの強弱」

というものです。

国語が苦手な生徒に「今日の晩御飯が大好きなカレーだったらどんな気持ち？」と問うと

「うれしい」

と答えます。

「じゃあ、第一志望の学校に受かったらどんな気持ち？」と重ねて問うと、やっぱり

「うれしい」

という返答です。

「へぇ～。じゃあ、カレーを食べるのと、合格するのと、同じくらいのことなんだね？」と意地悪く聞くと

「ちがう！」

と、さすがにそう答えます。

国語が苦手な子どもは「気持ちを大雑把に捉える」ということをよくします。

これは気持ちを表す言葉をあまり知らない、ということの表れでもあります。

気持ちを表す言葉は少しでも多く知ることで、より正確な、細かな気持ちの読み取りが可能です。その練習として、「うれしい」と「喜ぶ」の使い分けを考えてみましょう。

国文法の観点から考えると

「うれしい」は、様子を表す形容詞

「喜ぶ」は、動作を表す動詞

「喜ぶ」は、「うれしい」よりも動作を、つまり体の動きを伴うもの、と捉えられます。体を使った大きな表現といえるので、「喜ぶ」は「うれしい」よりも強い気持ち、としました。

一般的に、「うれしい」と「喜ぶ」は同義語とされます。ただ気持ちを少しでも細かく捉えて、使い分けることを意識してほしいので、区別して理解しましょう。

まとめ

① 「気持ち」を知っていくためには、気持ちの強弱を意識すること
② 「うれしい」より、「喜ぶ」の方が、強い気持ち
③ 「楽しい」は、出来事と自分の関わり方が強い

② 身近なマイナスの気持ち

大別すると「怒る」、「悲しい」という「気持ち」に含まれる気持ち言葉になります。

それらの大もとの言葉でも代用できますが、より詳しく気持ち言葉を使うよう意識しましょう。

問題　次の文章にふさわしい気持ち言葉を次から選び、答えなさい。
末尾の（　）内の人物の気持ちを答えます。

［　不愉快な　・　不満な　・　怒る　・　いらだつ　］

①　オレはさっきからずっとならんで待っているのに、ぜんぜん順番がまわってこないので、舌打ちした。（オレ）

②　ボクが大切にしていたおもちゃを、ケンちゃんがこわしてしまったので、ケンちゃんをひっぱたいて、怒鳴り散らした。（ボク）

③　私は、自分の意見が認められなかったので、口をとがらせて文句を言っていた。（私）

④　ぼくは、ゆきちゃんのえらそうな態度がとてもいやだ。（ぼく）

〈　答え　〉

①　いらだつ
なにかイヤなことがあり、イライラして落ち着かないときの「気持ち」です。

② 怒る

なにかイヤなことがあり、がまんできずその気持ちを、人やモノにぶつけようとするときの気持ちです。

「いらだつ」よりも、もっとイライラしているときの「気持ち」です。

③ 不満な

何かしていることや、「こうだったらいいな」と考えていたことがうまくいかず、「もっとこうだったらいいのに」と思ったときの「気持ち」です。

そして、うまくいかなかったことに、イライラしているときの「気持ち」です。

④ 不愉快な

イヤになるようなもの、気に入らないものを、見ている・聞いているなどして、接しているときの気持ちです。

〈補足〉

①の「いらだつ」と、②の「怒る」は、状況は似ています。しかし、気持ちの強弱を意識しましょう。「怒る」は「いらだつ」よりも、強い感情です。そのため、状況も「いらだつ」よりも、より不快な状況のときに使います。

③「不満な」という気持ちの同義語として、「くやしい」があります。どちらも状況は似ていますが、異なる点として、思ったようにいかなかったことに対してより執着している場合に、「くやしい」を使います。方向性がやや異なる場合があるので、注意しましょう。

問題　次の文章にふさわしい気持ち言葉を次から選び、答えなさい。
末尾の（　）内の人物の気持ちを答えます。

［　情けない　・　さびしい　・　落ち込む　・　心細い　・がまんする　］

⑤　ぼくは転校したけど、友達がまだだれもいない。（ぼく）

⑥　友達はみんな逆上がりが出来たのに、ボクだけできずに放課後も残って練習した。それを一週間続けてもダメだったので、ボクは自分の運動神経のなさを思うと涙が出てきた。（ボク）

⑦　ぼくは、人ごみでお母さんとはぐれてしまったので、どうしていいかわからなくなってしまった。（ぼく）

⑧　せっかくテストで良い点をとろうと私はがんばっていたのに、いつもと同じ点数だった。（私）

⑨　本当は聞きたくなかったけど、お姉ちゃんのお説教をオレは何も言わずに聞き続けた。（オレ）

〈　答え　〉

⑤　さびしい

仲間や友達がいないときに抱く気持ちです。そのときに、誰かいてほしいと感じ、しかし、誰もいないことを悲しく思う気持ちです。

⑥ 情けない

何か失敗してしまって、そのことをとてもダメだと思っているときの気持ちです。

⑦ 心細い

頼るものがまわりに無いときの気持ちです。あることに対して、自分だけではどうにかすることができない、と思う場合もあります。

⑧ 落ち込む

何かイヤなことがこれからある、またはイヤなことがあってそれを思い出してイヤな気分になってしまうときの気持ちです。

⑨ がまんする

何かイヤなことがあるが、そこから逃げ出さずに、そのイヤなことを受け入れ、イヤという気持ちをあまり出さずにいることです。

〈 補足 〉

⑤「さびしい」は、同義語に「孤独感を抱く」があります。

⑥「情けない」ですが、気持ち言葉として使われるときは、対象がなにかしら失敗してしまい、「そんなこともできず、ダメな人間だ」と判断する場合に使うことが多いです。

気持ちの対象が、自分に向くことがよくあります。

⑧「状況」から「気持ち」を導くことを目的とした章ですが、この「落ち込む」は例外です。あてはまる状況が非常に多い、つまり、他の気持ち言葉の状況と重なることもある、ということです。なにかしら本人にとってマイナスなことがあったときの気持ち言葉です。それにより気持ちが沈んでいる様子で表わされます。

対象となる状況が、主に起こる前に感じる「ゆううつな」「つらい」、その後で感じる「がっかりする」「残念な」などとも重なる場合があります。

「落ち込む」という気持ち言葉は、「行動」から特定する必要性があります。設問文ではあえて省いていますが「肩を落とす」「ためいきをつく」「足どりが重い」などの表現で表わされます。

⑨「がまんする」は、同義語に「たえる」があります。

まとめ

①「怒る」「悲しい」でなく、細部の使い分けを意識しよう

②「いらだつ」より、「怒る」の方が、強い気持ち

③「落ち込む」は、「状況」からでは判別しづらい。「行動」も意識する必要がある

チェックテスト

①「身近なプラスの気持ち」と、②「身近なマイナスの気持ち」は、本書の基本的な進め方を知ってもらうためにも、一通り行って頂けたでしょうか。

（とばしてここまで読んだ人も、できればもどって取り組んでください）

この先も同様の形式で進んでいくのですが、なかには「そんなことは知っているよ」と、わざわざ説明せずともわかっている部分もあるかと思います。

それが本当にわかっているのか、確認のため、全部行ってほしいところですが、「自分が知らないものだけ選んで行いたい」という人もいらっしゃるでしょう。

そこで、次の確認問題を行い、正解できたのなら、その項目をとばしてもかまわない、としました。わからないものをあぶり出す作業になります。

「気持ち」を本当に知っているのか、その確認にもなるので、ぜひ問題を解いてみましょう。

ただし、このチェックテストでとばせるのは、③〜⑫までです。

⑬以降の

⑬「好感に関する気持ち」

⑭「子ども・動物など、弱者に対して抱く気持ち」

⑮「時間・距離が離れていることを思うときの気持ち」

⑯「死に関する気持ち」

⑰「複雑な感情を内包する気持ち」
⑱「きわめて強い気持ち」
⑲「状況が複数ある気持ち」

は、必ずすべて行いましょう。

⑬以降は、多くのお子さんが躓く「気持ち」です。これらは、改めて知る、ということを意識しましょう。

では、③移行の、各項目のチェックテストといきましょう。

次の項目の問題に、それぞれ答えましょう。

③ 自己と他者の比較から導かれる気持ち

次のときにふさわしい気持ち言葉はなんでしょうか。

ぼくよりも上手にサッカーができるあいつを見ていると、知らないうちに、にらみつけていた。

ぼくよりも上手にサッカーができるあの人を見ていると、すごいなぁ、ああなりたいなぁ、と思った。

④ 気持ちが反転することが前提となる気持ち

次の文は、気持ち言葉が正しく使えていません。どう直せばいいのか、考えましょう。

塾のテストで、百点満点をとることができて、安心した。

サンタさんが、クリスマスにバイオリンをくれたので、がっかりした。

⑤ 現在・過去・未来のことと関係する気持ち

次の文は、気持ち言葉が正しく使えていません。何がおかしいのか、考えましょう。

昨日のテストは、いい点数がとれたとはりきる。

これからはじまるテストで、いい点数がとれることを期待する。

〈答え〉

③ 自己と他者の比較から導かれる気持ち

ぼくよりも上手にサッカーができるあいつを見ていると、知らないうちに、にらみつけていた。

↓ ねたましい （しっとする ・ うらやましい）

ぼくよりも上手にサッカーができるあの人を見ていると、すごいなぁ、ああなりたいなぁ、と思った。
↓　尊敬する（あこがれる・敬う）

④気持ちが反転することが前提となる気持ち

塾のテストで、百点満点をとることができて、安心した。
↓　塾のテストで、今回は満点がとれるか不安だったけれど、百点満点をとることができて、安心した。など。
＊「不安な」という気持ち、その内容をつけたす。
サンタさんが、クリスマスにバイオリンをくれたので、がっかりした。
↓　今年のクリスマスは、アイドルが主役のアニメのグッズを欲しかったのに、サンタさんが、クリスマスにバイオリンをくれたので、がっかりした。
＊「期待する」という気持ち、思いをつけたす。

⑤現在・過去・未来のことと関係する気持ち

昨日のテストは、いい点数がとれたとはりきる。
↓　「はりきる」は、これから臨むことに使用する。
これからはじまるテストで、いい点数がとれることを期待する。
↓　自分がこれから強く関わることには、「期待する」は使わない。

⑥ 行動に関わる気持ち

次のときにふさわしい気持ち言葉はなんでしょうか。

がんばって走れば、電車に乗れそうだけれども、ギリギリ間に合わないかもしれないと思ってしまって、走らずに、歩いた。

みんなが楽しげに話しているなか、ぼくが会話に加わると、その楽しげな雰囲気がくずれてしまうかもしれないと考えたら、入りづらくなった。

⑦ 理解に関する気持ち

次の言葉の中で、気持ち言葉として使えないものはあるでしょうか。考えてみましょう。

うれしい・悲しい・疑う・後悔する・おどろく・ゆううつな・納得する

⑧ 自信に関する気持ち

次のとき、どちらの気持ち言葉がふさわしいか選び、その理由も考えてみましょう。

お父さんは医者でお金持ちだ。ぼくは色々なものを買ってもらえるので、買ってもらったゲームのことをみんなに話した。

お父さんは医者なので、これまでたくさんの人の命を助けてきた。ぼくはそんなお父さんをすごいと思い、ぼくも将来医者になろうと思っている。

［ ほこらしい ・ 自慢する ］

〈答え〉

⑥行動に関わる気持ち

がんばって走れば、電車に乗れるけれど、ギリギリ間に合わないかもしれないと思ってしまって、走らずに、歩いた。

↓　あきらめる

みんなが楽しげに話しているなか、ぼくが会話に加わると、その楽しげな雰囲気がくずれてしまうかもしれないと考えたら、入りづらくなった。

↓　気が引ける

⑦理解に関する気持ち

すべて「気持ち言葉」として使える。

一般的な「気持ち」の言葉とは言い難いものも、「気持ち言葉」に含まれます。

⑧自信に関する気持ち

お父さんは医者でお金持ちだ。ぼくは色々なものを買ってもらえるので、買ってもらったゲームのことをみんなに話した。

↓　自慢する

お父さんは医者なので、これまでたくさんの人の命を助けてきた。ぼくはそんなお父さんをすごいと思い、ぼくも将来医者になろうと思っている。

↓　ほこらしい

⑨ 体感時間に関する気持ち

時間が早く感じるとき、時間が遅く感じるときの気持ち言葉は、何があるでしょうか。

⑩ 対象にプラスがあり、肯定的に捉える

「感心する」・「ほめる」という気持ち言葉は、どのような違いがあるでしょうか。

⑪ 対象にマイナスがあり、否定的に捉える

次のときにふさわしい気持ち言葉はなんでしょうか。考えてみましょう。

ある人物がなんとなく気に入らなくて、その人が言うこと、することに対してついつい反対してしまう。

⑫ 対象にマイナスがあり、プラスの働きかけをする

次のときにふさわしい気持ち言葉はなんでしょうか。考えてみましょう。

娘が友だちとケンカしたようで、落ち込んでいる。声をあげずに泣いている姿を見ていたら、思わず抱きしめていた。
息子が友だちとケンカして、負けてしまったようだ。負けたことがくやしくて、泣いている。くやしがっている息子に、「次は勝て、負けるんじゃないぞ」と声をかけた。

〈答え〉

⑨ 体感時間に関する気持ち

時間が早く感じるとき　…　夢中になる・あせる
時間が遅く感じるとき　…　期待する（待ち遠しい、など）

⑩ 対象にプラスがあり、肯定的に捉える

「感心する」　…　相手が何か良いことをして、すごいなと評価する
「ほめる」　…　相手が何か良いことをして、すごいなと評価し、それを相手に伝える

⑪ 対象にマイナスがあり、否定的に捉える

ある人物がなんとなく気に入らなくて、その人が言うこと、することに対してついつい反対してしまう。

↓　反発する

⑫対象にマイナスがあり、プラスの働きかけをする

娘が友だちとケンカしたようで、落ち込んでいる。声をあげずに泣いている姿を見ていたら、思わず抱きしめていた。

↓　いたわる（　なぐさめる　）

息子が友だちとケンカして、負けてしまったようだ。負けたことがくやしくて、泣いている。くやしがっている息子に、「次は勝て、負けるんじゃないぞ」と声をかけた。

↓　応援する（　はげます　）

＊　＊　＊

さて、どうだったでしょうか。

ふだん何となく使っている言葉ですが、細かな違いを考えることはなかったでしょう。

解説は特に載せていません。それぞれの項目の補足に詳しく書いています。間違った項目、または答えが納得できない項目があれば、ぜひそれぞれの項目を見て、確認するようにしましょう。

今の段階では、合っていた、間違っていた、というのは、それほど重要ではありません。わからないものを見つけ、そのわからなかった部分を無くすのが、最も重要なことです。

出来が今一つの項目があれば、ぜひ読みましょう。

全部できているのであれば、⑬「好感に関する気持ち」以降のものを取り組みましょう。

③ 自己と他者の比較から導かれる気持ち

自分の能力や取り巻く環境は、他人と比べて初めて理解できます。しかし、現代の多くのお子さんは住環境や、親御さん同士の付き合いなどの影響下で「友達」と出会います。「友達」とほぼ同じレベルでの環境にいるので、自身を取り巻く環境を比較する機会があまりありません。つまり、「比較から導かれる気持ち」を感じる機会がなく、あまり身近な気持ちとは言い難い場合もあります。知っているもの、という認識でなく、改めて学習する、ということを意識しましょう。

問題　次の文章にふさわしい気持ち言葉を答えなさい。末尾の（　）内の人物の気持ちを答えます。

［　尊敬する　・　親しみを抱く　・　ねたましい　］

① 私はまだ一度も海外旅行に行ったことがないのに、前から行きたいと思っていたフランスに行ったことを自慢げに話すゆうこちゃんのことが、イヤになってきた。（私）

② 僕が何度も練習しても結局できなかった跳び箱の八段跳びを、さとしくんはとてもきれいな姿勢で跳んだ。僕は素直に彼のことがかっこいいと思った。（僕）

③ オレはいつも忘れ物をして、先生に怒られてばかりいた。クラスで一番先生に怒られていたのは、オレだった。ところが、今度来た転校生はオレに負けず劣らず忘れ物をして先生によく怒られた。オレは自分と似ているところがある転校生のことを、なんとなく仲間のように思うようになっていった。（オレ）

〈答え〉

①ねたましい

成績や、運動神経、人気など、なにかしら自分よりも上の人に対して、イライラしてしまったり、自分より上だなんてゆるせない、などと思ったときの気持ちです。

②尊敬する

成績や、運動神経、人気など、なにかしら自分よりも上の人に対して、「かっこいい」、「ステキだなぁ」と思ったとき、または自分もああなりたいなと思ったときの気持ちです。

③親しみを抱く

自分と、ある人やものが何か似ているな、と思ったときの気持ちです。

〈補足〉

①と②は状況が等しいといえます。自分よりも相手が、なにかしら優れている、というときに使います。ただ、違うのは相手が自分よりも優れている面があることに対して、肯定的に見るか、否定的に見るかの違いです。状況が同じですから、行動で判断する面がどうしてもあります。

状況だけで判断するならば、その対象自身が努力して得たものかどうか、ということでも区別ができます。

自身の努力の成果なら「尊敬する」、偶然や親から引き継いだものが大きいならば「ねたましい」などがあてはまりやすいです。

ただし、あくまで傾向であって、例外はいくつかあります。

個人差の域に入ってしまいますが、ひがみっぽい人物ならば、「尊敬する」より「ねたましい」という気持ちの方が抱きやすいです。また、努力の成果であっても、それを鼻にかけて自慢するような人物であったら「ねたましい」というマイナスの感情と結びつきます。

しかし、これらは個人差の範囲になるので、ひとまずは例外を無視して取り組みましょう。

③「親しみを抱く」は、相手と自分に同じ、似ている点があるときに抱く感情になります。当たり前ですが、その同じ、似ている点というものは、その人物がいる周辺の環境からすれば珍しい、ということが言えそうです。

前提として、それまで自分と同じ、似ている部分を持つ人に会ったことがほとんどない、というものがあります。

①「ねたましい」に、同義語として「しっとする」、「うらやましい」

②「尊敬する」の同義語として「あこがれる」、「うやまう」

③「親しみを抱く」の同義語として、「共感する」

などが挙げられます。

問題　次の文章にふさわしい気持ち言葉を答えなさい。
④は「僕」、⑤は「私」の気持ちを答えます。

［　あわれむ　・　けいべつする　］

④　今日のお昼ごはんは、僕が嫌いなグリンピースが入ったチャーハンだった。アレを見るだけで僕は嫌になったので、お昼は何も食べずにいた。お腹はすくけれど、晩ごはんをいっぱい食べればいいだけのことだと思った。

けれど、その晩ごはんを食べているとき、テレビ番組で親に捨てられた、僕よりも小さい子どもが働いて、その日に食べるものを得るのに必死になっている姿を見た。その子どものことを思うと、涙が流れてきた。

⑤　私は自分のことをふつうの子どもだと思っている。得意なこともなければ、苦手なこともない、ごくふつうの子だ。だから、こんな私でもできることなのに、上手くやれない子を見ると、「こんなこともできないなんて、ダメなやつなんだな」とつい思ってしまう。

〈答え〉

④　あわれむ

勉強のことや、お家のこと（例えば、お父さんがなかなか帰ってこない、お家が貧乏だ、など）で、相手が自分よりも下に位置しているときの気持ちです。その相手のことを思うと、自分もつらくなるようなときの気持ちになります。

⑤けいべつする

勉強のことや、お家のこと（例えば、お父さんがなかなか帰ってこない、お家が貧乏だ、など）で、相手が自分よりも下に位置しているときの気持ちです。その相手に対して、つまんないな、バカじゃないかな、など思ったときの気持ちです。

〈補足〉

④と⑤も状況が等しいと言えます。相手が自分よりもなにかしら劣っている、というときに使います。違うのは劣る相手に対して「我がことのように考え、相手のことを思う気持ちを抱く」のか「自分よりも下の存在のため、馬鹿にする」のか、という点です。

また、④は相手個人に非が無いこと（生まれつきの環境など）が多く、⑤は相手個人に原因がある場合が多いです。

④「あわれむ」の同義語として、「同情する」、「かわいそうに思う」、「気の毒に思う」など、
⑤「けいべつする」の同義語として、「見下す」、「馬鹿にする」があります。

問題　次の文章にふさわしい気持ち言葉を答えなさい。
⑥、⑦ともに「僕」の気持ちを答えます。

［　優越感を抱く　・　劣等感を抱く　］

⑥ 僕が一生懸命勉強してようやく百点をとれたのに、ひろしくんは全然勉強せずに百点をとっている。ひろしくんと比べたら、僕なんて全然ダメなのかな、と思ってしまう。

⑦ 僕は全然勉強しなくても百点はとれる。ところが、アイツは何時間も勉強してようやく百点がとれる程度だ。やっぱり、僕は頭が良い人間なんだと思ってしまう。

〈答え〉

⑥ 劣等感を抱く

自分と相手と比べて、自分にダメなところがあり、そのことを気にしているときの気持ちです。

⑦ 優越感を抱く

自分と相手と比べて、自分の方がすごく、そのことがうれしいときの気持ちです。

〈 補足 〉

①から⑤までは主に相手に対して抱くものですが、⑥と⑦はともに、自分と相手を比較し、そのとき自分をどう評価するのか、という点で等しいと言えます。違うのは、自分が下か上か、という点です。

自分と他人を比べるわけですから、比べた結果は「自分と相手は同じ」、「自分は相手より下」、「自分は相手より上」のどれかになります。「自分と相手は同じ」以外は、自分との違いでどう思うのか、プラスにとるか、マイナスにとるのか、ということが気持ちのわかれ目です。

まとめ

① 自分と相手と比べた結果、どちらが上下の位置か、または同じなのか、まず確認する
② 比べた結果をプラスにとるか、マイナスにとるかで、大きく異なる
③ 比べた相手への気持ちなのか、それとも自分へ向けた気持ちなのか、注意する

④ 気持ちが反転することが前提となる気持ち

前もって「とある気持ち」を抱いており、その「気持ち」を土台としてわき起こる「気持ち」です。また土台となる「気持ち」がなくなることに対しての「気持ち」でもあります。

問題　①〜④の例文の気持ち言葉の使い方について、正しいのはどちらか考えましょう。

① 安心する

ア 体育の時間はマラソン大会の練習があって大変だった。給食の時間の次に体育だなんて、しんどすぎる。ゆううつで仕方ない。次の授業は国語で、この前のテストがかえってきた。百点をとれて安心した。

イ 今までずっとテストは百点だった。一生懸命勉強したとはいえ、今回も百点かどうか不安だったけれど、百点がとれて安心した。

② さっぱりする

ア 好きなお笑い番組を見て、おふろにのんびりつかって、ごはんをいっぱい食べて、ぐっすりねむったら、気持ちがさっぱりした。

イ 友達にバカにされてイヤな気分だったけれど、ねて、おきたら気持ちがさっぱりした。

③ がっかりする

ア クリスマスに、数十万円はしそうな高価なヴァイオリンを、サンタさんからもらってがっかりした。

イ 本当は、ゲームが欲しかったのに、ヴァイオリンをサンタさんがくれたので、がっかりした。

④　絶望する
ア　電車に乗り遅れて、試験会場に間に合わなさそうで、絶望した気持ちになった。
イ　電車に乗り遅れてしまった。まだなんとかなるのではと思い、車で移動することを考えたが、バスもなく、タクシーもなく、試験に間に合わないとわかり、絶望した。

〈答え〉

① 安心する　…　答え　イ

「安心する」という気持ちは、「こうなったらどうしよう」と考えていたイヤなことがなくなり、心が落ち着いたときの気持ちになります。

アの文は、「ゆううつ」というなにかイヤなことがあるときの気持ちがあります。しかし、体育というイヤなことと、国語のテストで百点をとることと、関係はありません。

国語のテストの結果で、イヤなことそのものがなくなったわけではありません。

イの文は、「不安な」と「安心する」という気持ちがあります。そして、どちらの気持ちも、テスト結果を気にしての気持ちです。百点かどうか「不安」であり、そして実際に百点をとれ、「不安な」気持ちがなくなる＝「安心する」、という流れになっています。

イヤなことがなくなったときの気持ち、ということでは、「イ」の方が合っています。

②さっぱりする　…　答え　イ

「さっぱりする」とは、もやもやしたもの、イヤなものがなくなったときに使う気持ち言葉です。だから、「さっぱりする」という気持ちも、なにかイヤな気分でなくてはいけません。

アの文は、笑ったり、食べたり、おふろに入ったり、ねむったりと、さっぱりしそうな行動がたくさんあります。しかし、なにかイヤなことがある、とは書いていません。

イの文は、「イヤな気分」とあるので、「さっぱりする」という気持ちが使えます。

③がっかりする　…　答え　イ

「がっかりする」とは、こうだったらいいな、という期待が外れたときに使います。

すでに出てきた「不満な」気持ちとは似ている部分があります。しかし、違うところとして、「怒る」より、「悲しい」に似た気持ちです。

アの文は、期待するということが書いていません。イの文には、他のものが良かったと書いてあります。他のものを期待していたのに、違ったのですから、「がっかりする」が合います。

④絶望する　…　答え　イ

こうなったらいいな、こうしたい、という願いが、すべてなくなったときの気持ちです。

アの文も十分つらいことが書いてあります。しかし、イの文の方が、電車だけでなく、バスやタクシーも使えないとあり、どうやっても間に合わない、ということが書いてあります。

「イ」の方がより、ふさわしいでしょう。

〈補足〉

①、②ともに何かイヤなことがある、という前提が必要という意味ではどちらも似ています。
①の「安心する」は、より具体的なイヤなことが存在する場合があります。
②の「さっぱりする」は、気分的な面が強いです。
「さっぱりする」の同義語として、「晴れ晴れする」というものもあります。

③「がっかりする」の同義語として、「残念な」「失望する」があります。

④「絶望する」という気持ちは、極めて強い気持ち言葉です。そうそう使うものではない、という前提があります。そして、これまでのものと異なり、願いがすべて絶たれたことが中心となるので、その事前の願いは特に描写されることがない場合もあります。

気持ちの強弱、ということを念頭に置いて欲しいのですが、子どもと大人とでは、絶望することの内容が大きくことなります。子どもが「絶望する」ことでも、大人から見たらたいしたことがない、という場合もあります。また、大人が「絶望する」ということが、子どもには理解できない場合もあります。

塾のテキストなどでこの気持ちが出た場合は、その気持ちを導いた状況が、その人物にとってそこまでひどいことなのか、確認すると良いでしょう。

まとめ

① すでにある気持ちが、変化した気持ちもある。そのため、すでにある気持ちもおさえる
② 「絶望する」は、極めて強い気持ちなので、そうそう使わないようにする
③ 「絶望する」という状況は、立場により大きく異なる

⑤ 現在・過去・未来のことと関係する気持ち

今この瞬間の出来事に感じたものばかりが気持ちではありません。過去に自分がしてしまったこと、これから自分が関わることに思いめぐらせるときにも気持ちはわき起こります。

問題　次の文章にふさわしい気持ち言葉を次から選び、答えなさい。

［　反省する　・　うしろめたい　・　充実感を抱く　］

① 夏休みの目標として、毎日一冊は読書をすると決めた。遊び疲れて、あきらめそうになったこともあったけれど、四十日間やりきった。夏休み最後の日に、本を読み終えたときは、思わず「やった～！」と叫んでしまった。

② ごはんは残さず食べましょうと言われているのに、きらいなニンジンを残して、ばれてしまわないように、こっそり捨てたが、捨てたニンジンのことが気になってしょうがなかった。

③　約束を破り、友達を悲しませてしまったので、もう二度と約束を破らないようにしようと思った。

〈答え〉

①　充実感を抱く

とてもがんばって、何かをやりとげたときの気持ちです。

②　うしろめたい

よくないことだとわかっていながら、そのことをやってしまったときの気持ちです。

③　反省する

よくないことをやってしまって、そのことを「やらなければよかった」と思うときの気持ちです。

〈補足〉

①「充実感を抱く」は、過去に、または何かを行った直後に抱く心情です。そしてその何かを行ったことそのものを良しとするのか、その何かをより良く行ったことを良しとするときに抱きます。同義語として、「満足感を抱く」・「達成感を抱く」があります。

②「うしろめたい」、③「反省する」は、ともになにか悪いことを行い、そしてそのことを本人の良心がとがめている場合の心情です。②はその悪いことで特に誰かに怒られたわけではないが、なんとなく悪いことをしてしまったと思う、という状況です。

②「うしろめたい」の同義語には、「やましい」、「罪悪感を抱く」があります。
③「反省する」の類義語として、「後悔する」がありますが、やや異なる部分があります。「後悔する」は、過去の出来事に対して「ああすればよかった」と強く思うことです。「反省する」は、今後もうそのことをしない、と考えているときに使います。ひとまずは同義語として使い、やがては使い分けも意識するようにしましょう。

問題　次の文章にふさわしい気持ち言葉を次から選び、答えなさい。

［　決心する　・　願う　・　期待する　・　はりきる　］

④ 明日の天気が晴れて、遠足にいけるようにと、てるてる坊主を作った。
⑤ 今度のテストで、百点をとったら好きなものを買っていいと、お父さんが約束したので、今からめいっぱい勉強しようと思う。
⑥ お家に帰ると、お母さんはまだ仕事から帰ってきていなかった。お父さんの会社が不況で、お給料が減ったから、お母さんはパートに出るようになった。やっぱり、お母さんは家にいなくちゃ、子どもはかわいそうだと思う。僕が大人になったら、いっぱい仕事をして、いっぱいお金をかせぐんだ、と強く思った。
⑦ 今ものこの瞬間に、多くの人が争いで亡くなっている。この世界が少しでも明るくて、優しくて、楽しい世界になってくれたらいいのにな、と思った。

〈答え〉

④ 期待する

こうなったらいいな、ということを考え、そのことをワクワクしながら待っているときにわき起こる気持ちです。「待っている」わけですから、自分から何かしよう、ということが難しいとき、例えば天気だったり、すでにあることが過ぎてしまって自分では今からなにもできないとき、というときに抱く気持ちです。

⑤ はりきる

今から何かしようとして、自分ができることを「がんばろう！」と、強く思ったときにわき起こる気持ちです。

⑥ 決心する

これから先のことで、自分がやれそうなことを「こういうふうにやろう！」と、強く思ったときにわき起こる気持ちです。

⑦ 願う

こうなったらいいな、ということを考えているときの気持ちです。

神様か、あるいは別のなにかに、「お願い」するわけですから、自分ですることが難しいな、ということを考えているときでもあります。

〈補足〉

④、⑤、⑥、⑦は、共通して、これから先のことに対して抱く気持ちになります。

④、⑦は自分が望む未来に、自分があまり影響を与えられない、という場合です。

⑤、⑥は、対照的に自分が積極的に影響を与えられる、という場合に使います。

⑤は今これから行えることに対してですが、⑥は先の出来事に対して抱く気持ちです。

④「期待する」は、これから先のことで、かつ比較的近しい未来に対して使います。

⑦「願う」は、遠い未来でかつ、強くそうなればいいと考えるときに抱く気持ちになります。

細かな点ですが、④「期待する」は自分が望む未来に、自分があまり影響を与えられない、としました。

例えばこれはテスト結果などについてもあてはまります。テスト自体は自身の努力が大きく関わりますが、テストが終わったあととなっては、自身が関われる要素はありません。

そういう意味では、テスト結果に対しても、「期待する」という気持ちがあてはまります。

同義語として

④　期待する　〈楽しみにする・待ち遠しい〉

⑤　はりきる　〈意気込む・奮起する〉

⑥　決心する　〈決意する〉
⑦　願う　〈望む〉

などが挙げられます。

問題　次の⑧〜⑩の文章に共通する気持ち言葉は何か、考えて答えなさい。

⑧　はじめて、自分ひとりで料理をすることになった。ふだん、お野菜がどんな形かなんか気にせずに食べていたけれど、ちゃんと切り方や形があるらしい。お料理の本を読んでみても、どう切っていいか、よくわからない。これでいいのかな、あってるのかな、だいじょうぶかな、と思いながら、包丁を手に、お野菜を切りだした。

⑨　お母さんからお留守番を任されたけど、こっそり外に遊びに行くことにした。いつもお母さんが家にいるから、ぼくはカギをかけて外にでるのはこれが初めてのことだった。お家を出てからしばらくして、本当に自分はカギをかけたのか、もしかしたら、かかってないのかも、という考えがどんどん浮かんできた。

⑩　明日は楽しみにしていた遠足がある。だけど、空を見上げると、暗い色の雲がおおってきている。もしかしたら、明日は雨が降るかもしれない、そしたら、遠足は中止になってしまうかもしれない。

〈 答え 〉

⑧〜⑩ 不安な

⑧は、今まさに起きていること、⑨はすでに終わったこと、⑩はこれからのことを思ったときの気持ちです。つまり、「不安な」という気持ちは、どの時間にも使えます。

そして、あることに対して、「だいじょうぶかなぁ」と考えるときの気持ちです。

〈 補足 〉

過去、現在、未来のことに対して抱く気持ちで、かつ、何かしら上手くいかない・上手くいかなったのではないかと気になってしょうがないときに生じる気持ちです。

①〜⑦の気持ち言葉が、過去や未来のときのみ使うものでしたが、この「不安な」は、どの時間軸に対しても使えます。

同義語として、「心配する」という気持ちがあります。

まとめ

① 過去に対しての気持ちは、マイナスなものが多い

② 未来への気持ちは、自分でどうするか、誰か（何か）に託すかで大きく異なる

	自分の影響	未来の距離
期待する	弱い	近い
はりきる	強い	今すぐ
決心する	強い	近い
願う	弱い	遠い

⑥ 行動に関わる気持ち

世間一般でいう「気持ち」とはやや一線を画するものです。

本来ならば「気持ち」↓「行動」という順番ですが、その「行動」をするかどうか、あるいはどのように「行動」をするのか、ということも「気持ち」として扱われます。

問題　次の文章にふさわしい気持ち言葉を次から選び、答えなさい。

［　あきらめる　・　気が引ける　・　一生懸命な　］

① このまま走れば、電車に間に合うかもしれない。この電車を逃したら、学校には絶対に遅れてしまうのはわかっていた。しかし、ようやく駅が見えてきたとき、ホームに電車が到着したのも見えた。その瞬間、僕は走るのをやめてしまった。

② 弟は好きなことを行うときは、周りがどんなにさわがしくても気にならないようだ。外ではさっきから車のクラクションがうるさいくらいなのに、弟はそんな音が聞こえていないかのように、絵を描き続けている。

③ 家の玄関前まで帰ると、お父さんが姉ちゃんをしかる声が聞こえてきた。今ドアを開けたら姉ちゃんが怒られている場面に出会うかと思うと、家に入りづらくなった。

〈答え〉

① あきらめる

これからやること、あるいは、いまやっていることで、「もう、うまくいかない」と思って、そのことをしなくなるときの気持ちです。

② 一生懸命な

いまやっていることに、全力でがんばって取り組んでいるときの気持ちです。

③ 気が引ける

なにかしようと思うのだけれど、まわりの様子がしようとすることをさせないかのようなときに使う気持ちです。

〈補足〉

①は、物事に対して、もうだめだ、無理だと判断し、行動しなくなったときに使います。行動しつつも内心ではもう無理だと判断している場合でもよいです。

②は、物事に対して、全力で取り組んでいるときの気持ち言葉です。同義語として「熱心な」、「必死な」というものもあります。「必死な」は、自発的でなく取り組んでいる場合でも使われます。

③は、その場の雰囲気に押されて、思うような行動がとれないことを指します。あるいは自身が遠慮して思うような行動がとれない場合にも使います。同義語として「気後れする」というものもあります。

問題　次の文章にふさわしい気持ち言葉を次から選び、答えなさい。

［　ためらう　・　なやむ　］

④ いじめっ子に、みんなで悪口を言っていじめられる子の気持ちを理解してもらおう、と担任の先生が言い出した。よせばいいのに。いじめっ子はもう反省しているのに。クラスのみんなは素直に悪口を言い出したが、私は本当に言っていいものかどうか、わからずにいた。

⑤ 道路で苦しそうにバタバタしていたスズメがいた。家に連れて帰って、お母さんに何度も何度もお願いをして、手当をしてもらった。すぐに飛べるようにはならないだろうけれど、念のために、前飼っていたインコの鳥かごに入れておいた。

一週間たったころには、すっかり元気になり、もう外にもどしても大丈夫だろうとお母さんは言った。近くにの公園に来て、鳥かごの入口に手をかけた。だけれど、この一週間でこのスズメのことが好きになっていた。このまま飼ってしまいたいとも思っていた。でも、お母さんに怒られてしまうのもイヤだ。僕は鳥かごの入口に手をかけたまま、しばらく固まってしまった。

〈 答え 〉

④ ためらう

ある行動を、しようか、しないのか、考えてしまい、動きがとまってしまっているときの気持ちです。

⑤ なやむ

あることをしよう、あるいはしないとすると、悲しいことやイヤなことが起きてしまうので、あることができずにいるときの気持ちです。

さらに、起きてしまうであろう、悲しいことやイヤなことを考えて、つらくなってしまうときの気持ちです。

〈 補足 〉

④は、ある行動をするのか、しないのかで、考えてしまうときの気持ちです。

同義語として「まよう」、「とまどう」もあります。

「まよう」は、行動の選択肢がいくつかあり、どれにするのか決めかねている際の気持ち言葉です。しかし「するか・しないか」という意味では、選択肢と言えなくもないです。同じと見なして使われる場合もあります。

「とまどう」は、適切な行動がわからず、どうしていいかわからないときの気持ちです。状況はやや異なるのですが、表わされる行動として何もできず動きがとまっている、というふうに描写されます。

細部は異なるのですが、一人称のお話で主人公の細かな独白がないとそこまでの判別は難しいです。ひとまずは、同じと捉えましょう。

⑤の「なやむ」は、④と近しい面があります。ある事態でどのように対処するのか、決めかねている点までは同じなのですが、そのことで強く心を痛めることに焦点をあてています。

同義語として、「こまる」があります。

まとめ

① 「行動」そのものも、「気持ち」の表れになることもある
② 「行動」しないのは、何をするのかわかっているのかどうか、で分けられる
③ 「気が引ける」は、精神的に幼い子どもには鬼門。必ず複数例を挙げて説明をする

⑦ 理解に関する気持ち

「行動に関わる気持ち」と同様に、一般的な考えから見れば、「気持ち」としてはやや違和感があるであろう「気持ち」言葉です。

本来ならば「状況」↓「気持ち」という流れですが、「状況」をどのように考えたのか、捉えたのかという認識が「気持ち」言葉として使われます。

また、「状況」から判断しにくいものもあります。「行動」で判断するようにしましょう。

問題　次の文章にふさわしい気持ち言葉を次から選び、答えなさい。

［　納得できない　・　納得する　］

① 体育の跳び箱のテストで、ぼくとけんたろうくんだけが最後まで跳べずじまいだった。次の日

もテストがあり、ぼくはまたとべなかったけれど、けんたろうくんは跳んでみせた。後でけんたろうくんになぜ跳べたのかときくと、家でお父さんといっぱい練習したと聞いて、理由がわかった。

②　弟だけほめられて、同じお手伝いをしたぼくがほめられなかった。どうしてぼくのことはほめてくれないのだろうと、思った。

〈答え〉

①　納得する

なにかよくわからないことがあったけれど、誰かに説明してもらったり、自分でしらべたりして、よくわかったときに使う気持ちです。

②　納得できない

ある出来事に対して、どうしてなのかわからないときに使う気持ちです。

〈補足〉

②は、因果関係として納得できないということもありますが、それよりも自身にとってマイナスのことなので「理解したくない気持ちがある」ということも含まれます。

問題　次の文章にふさわしい気持ち言葉を次から選び、答えなさい。

［　疑う　・　不思議な　・けげんに思う　］

③　友達が「サッカーをしに行く」と言って何も持たず校庭に向かった。いつもならボールを持っていくのにどうして何も持っていかないのだろうかと思った。

④　テーブルの上にあったケーキがなくなっていた。私のおやつだったのに。妹に問い詰めてみると、ぎくっとしたあと、私と目を合わせずに、「……知らない」と言った。

⑤　家に帰ると、ちょうど母が電話を切ったところだった。私がただいまと告げると、母は今気付いたようで、勢いよく振り返った。

「……今の電話、聞いてた？」

と、なぜかおそるおそる言った。私が帰ってきたときには電話を切ったところだと伝えると、母は安心したように、息をついた。母のそんな様子に私は首をかしげた。

〈　答え　〉

③　不思議な

その出来事がどうしてなのか、理由がよくわからないときの気持ちです。

④ 疑う

なにか出来事があり、その説明は本当ではないのでは、と考えるときの気持ちです。

⑤ けげんに思う　＊漢字で書くと「怪訝に思う」

ある出来事に対して、ちょっとよくわからないな、というときに使う気持ちです。

〈補足〉

③は、よくわからない出来事があったときに抱く気持ちです。よくわからない出来事、ですから、その出来事そのものをどう捉えるのか、という以前の段階のものです。②の「納得できない」と近しいものがあります。違う点として、特に因果関係についてまでのことを考えず、その状況にただ違和感がある、というときに使います。

④は、何かしらの出来事あり、その出来事の説明に対して、本当のことではないのでは、と考えるときに使います。

⑤は、「不思議な」「疑う」などの気持ちの、複合、あるいは中間のような言葉です。（もともとの意味とは異なるかもしれませんが）

「不可解な出来事」に出会ったときの反応は

「よくわからない」（不思議な）→「情報を得て、理解または推測する」（疑う）

というものでしょう。この流れの中間に位置し、どちらにもとりうることがある気持ちです。
この「怪訝に思う」という言葉だけは、細部を突き詰める必要はありません。「不思議な」「疑う」をまず考えていきます。
気持ち言葉として使われるよりも、人物の様子として文章によく出ています。また、意味を問う問題としても狙われやすいので、ぜひ覚えておきましょう。

問題　次の文章にふさわしい気持ち言葉を次から選び、答えなさい。

［　呆然とする　・　おどろく　・　動揺する　・　ショックを受ける　］

⑥　授業中に、先生から呼び出された。そのまま職員室に行くと、母からの電話があり、私に大至急つなぐようにという電話があったことがわかった。電話にでると、母の動揺している様子が伝わってきた。母の口から、父が倒れて病院に運ばれたと聞かされ、私は思わず電話を落としてしまった。

⑦　この間の算数のテストが返ってきた。六十点だった。まずい。お母さんには絶対に見せられない。絶対に怒られる。どうしよう、どうしよう。

⑧　天気予報では降水確率が0％だったので、カサを持たずに散歩に行った。外は太陽も出ていて、

ポカポカだった。十分も歩いていると、頭に冷たい水が落ちてきた。空を見上げると、晴れているのに、ぽつぽつと雨が降ってきたので思わず「えっ？」とつぶやいた。

⑨　仕事が終わり家に帰り、カギを開けようとしたら、おかしいことに気付いた。カギを開ける方に回そうとしたら、カギが回らない。反対の閉める方には回せた。

いつもいつも戸締りの確認はしている。今朝も会社に行くとき、キチンと確認はした。「まさか…」という思いが頭をよぎり、ドアを開け、急いで部屋に向かった。悪い予想があたった。部屋はぐちゃぐちゃに荒らされていた。私は立ち尽くすことしかできなかった。

〈　答え　〉

⑥　ショックを受ける

今まで知らなかった、わからなかったことを知り、そして心が強くゆさぶられるときの気持ちになります。

⑦　動揺する

今まで知らなかった、わからなかったことを知ったり、あるいは知ってほしくなかったことを相手に知られ、心がゆさぶられるときの気持ちになります。

⑧　おどろく

思ってもなかったようなことが起きたときの気持ちです。そして、思わずさけんだり、表情が大きく変わったりと、体が自然とそうなってしまう場合が多いです。

⑨ 呆然とする

思ってもなかったようなことが起きたときの気持ちです。そして、なにもできず、体から力が抜けてしまっているような様子になります。

〈 補足 〉

⑥は新たな出来事や、それまで知らなかったことを知って、心に強い衝撃を受けたときに使います。

新たな出来事・知らなかったこと、としたのは、強い衝撃を与えやすいことが多いからです。あくまで多い、であって、絶対ではありません。新たにもたらされる情報次第です。

同義語として、「衝撃を受ける」があります。

⑦「動揺する」も、⑥「ショックを受ける」同様に、何かしら衝撃を受けたときに使います。ただ、「ショックを受ける」ほど強い衝撃ではありません。

また、「ショックを受ける」はそれまでの動作が止まる、という「行動」で表わされますが、「動揺する」は、あわてふためく・話し方がおかしくなるといった軽いパニックになったような「行動」で描写されます。

⑧「おどろく」は、唐突な出来事、予想外の出来事が起こったときに使う気持ちです。反射としての行動でもありますので、気持ち言葉として使うのは少々違和感がある人もいるかもしれません。この気持ちから引き出される行動・様子は叫んだり、体をのけぞったりと、激しい動きのものが多いです。

⑨「呆然とする」も、⑧「おどろく」とほぼ同じ状況で抱く気持ちです。「おどろく」との違いは、この気持ちから引き出される行動が立ちつくす、など動きをあまり伴わないものになります。

同じ漢字を用いた表現に「呆れる」という気持ちがあります。

ただし、この「呆れる」という言葉は、「呆れる」という対象が予想外の悪い事を行い、そして、著しく評価を下げるときに使うことが多いです。

「おどろく」という「気持ち」もあるのですが、その後の評価を下げる気持ちが主です。

まとめ

① 「どう思ったのか」ということも、「気持ち」になりえる
② 理由がわからなければ「不思議な」、示された理由や情報があやしいなら「疑う」
③ 「おどろく」に関する気持ちは、行動で判別する

⑧ 自信に関する気持ち

「自信」という、自分をどう捉えるのか、またこれから臨む出来事に対してどう考えているのか、というのも「気持ち」に分類されます。

「その『自信』を、他人に向けて表現する」ということが多いと言えます。

問題　次の文章にふさわしい気持ち言葉を次から選び、答えなさい。

［　自信がある　・　つよがる　・　意地を張る　］

①　クジラは魚だと弟に話したら、「ほにゅう類じゃないの？」言われた。そういえば、そうだった気がしたが、弟にまちがっていると言われては、兄としては少しみじめだ。だから「海で泳いでいるから魚の仲間だよ」と言い切ってしまった。

②　今日は跳び箱のテストがある。一週間前までは五段しか跳べなかったけれど、それから毎日特訓して、昨日は一度も失敗することなく何度も七段まで跳べるようになった。だから今日のテストでも大丈夫だ。

③　八月三十日。夏休みは明日で終わり。だけど、夏休みの宿題はなにも終わっていない。ずっと遊んでいたばかりのつけがまわってきた。お兄ちゃんは馬鹿にして笑っていた。お姉ちゃんは「手伝おうか？」と言ってきてくれたけれど、優しいお姉ちゃんにはいつまでも甘えるわけにはいかない。「こんなの、ゼンゼンヘーキだよ！」と思わず言ってしまった。

〈　答え　〉

①　意地を張る

本当は、自分のしたこと、考えていることが間違っているとわかっているのに、そのことを素直にあやまらずいるときの気持ちです。

② 自信がある

なにかを上手くやれることができると思っているときに抱く気持ちです。

③ つよがる

自分にとって苦しいことがあっても、そのことを表情に出さずに、反対に、自分はだいじょうだ、とまわりに示すときの気持ちです。

〈 補足 〉

①は、自分の考えや気持ちが、よくない場合、たとえまちがっている場合でも、その考えや気持ちを押し通そうとするときに使います。

③は、自分にとって不利な状況であっても、自分自身の弱みを他者に見せないようにするために、わざとその反対をよそおっているときの気持ちです。

この「つよがる」も、状況のみでなく、行動も含めて判断する必要があります。

問題　次の文章にふさわしい気持ち言葉を次から選び、答えなさい。

［　無力感を抱く　・　自信がない　・　自慢する　・　ほこらしい　・　得意になる　］

④　転校した最初の日の授業でテストがあるなんて最悪だ。しかも前の学校では一度も習ったことのない単元だ…。絶対に良い結果なんて出るわけがない。どうしよう。

⑤　アイツの父さんの会社がつぶれてしまったらしい。家族一緒に暮らしていけなくなったらしく、アイツはどこか遠い所に住んでいるおじいちゃんのところに預けられるらしかった。仲が良かったアイツのために、オレがしてあげられることなんて、なにひとつなかった。

⑥　この夏に家族旅行でヨーロッパに行ってきた。夏休みが明けた始業式のときに、ヨーロッパで買ったものを持って行って、まだ一度も海外旅行したことがないヤツらに買ったものを見せつけた。

⑦　今まで成績が悪かったのは勉強をしてなかっただけで、やれば良い成績がとれるんだとぼくは常に主張していた。じゃあ、今度のテストは勉強して良い点数をとってみろ、と友達に言われたので、イヤイヤながら勉強に取りかかった。そうしたら、テストで本当に百点が取れてしまった。みんなから、すごいねといわれ、ぼくはすっかりいい気分になっていた。

⑧　父は警察官として、人々の生活を危険から守っている。悪い奴を捕まえたり、毎日この町をパトロールしたりして、たくさんの人から頼りにされている。みんなから尊敬されている父だ。そんな父を持ててよかったと心から思う。

〈答え〉

④ 自信がない

これから行うことに対して、上手くやれないと思うときに抱く気持ちです。

⑤ 無力感を抱く

自分の目の前にある出来事に、自分はなにひとつすることがなく、することができずにいるときの気持ちです。

⑥ 自慢する

他の人より、なにかしら優れているものがあり、その優れている部分を劣っている人に対して見せつけたくなる、というときに使います。

⑦ 得意になる

自分の思った通りにことが運べ、そのことを喜んでいるときの気持ちです。

⑧ ほこらしい

自分や、自分と関わりが強い人が、なにか優れたことをしたときの気持ちです。

〈補足〉

④「自信がない」は、同義語に、前述の「不安な」・「心配する」というのもあります。状況が近しいので、区別はしづらいでしょう。ただ、「自信がない」は自分がこれから行うことと、取り組む自分とに強い関係があると言えます。

⑤「無力感を抱く」は、目の前にある出来事、問題に対して自分自身がなにひとつ力になることができないときに抱く気持ちです。その状況から、自身の力不足を非難するという考えに至ると「くやしい」という気持ちの方がふさわしくなります。

⑥「自慢する」は、多くの場合は他の人に見せつけますが、自身の中だけで思っている場合もあります。

ただ、その場合は「ほこらしい」という気持ちの方が使われることが多いです。

⑦「得意になる」は、なにかしらの出来事が自分の思った通りに進んだことに対して満足し、その喜びが表情や雰囲気に表れているときに使う気持ち言葉です。

「自慢する」は見せびらかすという行動に強くつながりますが、「得意になる」は様子などと結びつきやすく、能動的な、積極的な行動とは結びつきづらいです。

⑧「ほこらしい」は、「自慢する」・「得意になる」と方向性は似ています。

決定的に違うのは、表面的なことに対しては使わない点です。本人の心に強く関係する場合が多いです。他者のためになにかする人や、自身の深い満足感をともなう出来事など、客観的な評価より、主観的な評価で使われる場合が多いです。
子どもが主人公の物語の場合、両親などの仕事や勤勉さに抱くことがあります。

まとめ

① 物事や自分に対しての「自信」も気持ちとなりうる
② 「つよがる」は、「状況」と「行動」が反対になりうる、極めて特殊なもの
③ 「自慢する」は人に見せつけ、「ほこらしい」は自分のうちに秘めることが多い

⑨ 体感時間に関する気持ち

「時間の流れ」という、普段は意識していないものを「どう感じるのか」ということも「気持ち」の表れです。
早く感じるとき、遅く感じるとき、それぞれ意識しましょう。

〈時間の経過が早く感じる〉

問題　次の文章にふさわしい気持ち言葉を次から選び、答えなさい。

［　あわただしい　・　夢中になる　・　あせる　］

① 大好きな作家さんの、待ちに待った新刊の発売日だ。朝すぐに書店に行って買い、すぐに家にもどってから、食事もとらずにずっと読んだ。気がつくと、窓の外はすっかり暗くなっていた。

② 三年生までは、そろばんと水泳とピアノを習っていた。四年生になってからはさらに塾にも行くことになった。そして、学校の新しい先生は、宿題をたくさん出すことで有名だった。学校に行って、帰って宿題やって、習い事に行って、塾に行って、塾の宿題をやって、という日々だった。毎日がよくわからないまま、あっというまに過ぎていった。

③ 学校からの帰り道、急にお腹が痛くなった。早くお家に帰ろうと、早足で帰った。

〈答え〉

① 夢中になる

その行為にとても集中して取り組んでいて、時間がたつのも忘れるときの気持ちです。おおむね、自分にとって楽しいことをしているときがあてはまります。

② あわただしい

時間を気にするヒマがないくらい、やることがいっぱいあるときに抱く気持ちです。また、あとからその状況を振り返るときに使われやすいです。

③　あせる

時間制限などがあり、間に合わないかもしれない、というときに抱く気持ちでもあります。

〈　時間の経過が遅い　〉

問題　次の文章にふさわしい気持ち言葉を次から選び、答えなさい。

［　期待する　・　ゆううつな　］

④　クリスマスまであと二週間。今年はサンタさんにどんなプレゼントをお願いしようか、十二月になってからずっとなやんでいた。やっぱり新しいゲームにしよう、と決めて、お父さんを通じてサンタさんにお願いした。それからぼくはクリスマスが来るのをいまかいまかと待っている。

⑤　あと二週間したら、運動会がある。運動が得意な友達は、その日に大かつやくできるから楽しみにしているようだ。

でも、私は違う。休み時間は本を読んで過ごし、体育の授業はなるべく他の子のじゃまにならないようにすみっこで過ごしている。そんな私は、どうせかけっこはビリに決まっているのに……。

運動会のことを思うと、今から体中が重く感じてしまう。

〈答え〉

④ 期待する

これから先のことで、とてもうれしいことがあるとわかっているとき、そしてそのことが早く来て欲しいときに使います。

⑤ ゆううつな

これから先のことで、とてもイヤなことがあるとわかっているとき、またそのイヤなことの最中のときに抱く気持ちです。

そのイヤなことが起こったあとでも、そのことを思い出すときにも抱く場合があります。

〈補足〉

④の同義語として、「楽しみにする」・「待ち遠しい」があります。

⑤は、〈答え〉に書いた通り、どの時間軸にも使われます。ただ、その状況の前に抱くことが非常に多いです。

同義語として「つらい」があります。ただ、「つらい」は、より具体的で、心により痛みを伴うものに使われます。強弱を意識しましょう。

まとめ

① 時間の進み具合の感じ方も、気持ちの表れとなる
② 早く・遅く感じる、ともにプラス・マイナスの気持ちが存在する
③ はっきりと時間の経過が示されていないなら、似た状況の他の領域の気持ちを優先する

⑩ 対象にプラスがあり、肯定的に捉える

自分と比較することなく、相手のプラスを良いものとして捉えるときの気持ちです。肯定的に「捉える」とは、評価する、ということでもあります。

人に評価を下すという行為は、一般的には評価する側の立場が上の場合でよくあります。そのため、年上に対して使う場合はやや少なく、自分と同い年、あるいは年下に対して使う場合が多いです。

問題　次の文章にふさわしい気持ち言葉を次から選び、答えなさい。

［　ほめる　・　感心する　］

① 旅の途中に寄ったお寺で、お茶をごちそうになった。若いお坊さんが運んでくれたお茶は、一杯目はのどをうるおすために飲みやすい温度で、二杯目はやや熱く、三杯目は熱くお茶を入れてくれた。お茶を入れることにここまで気を使うのかと思い、「ほほぅ」と思わずうなった。

② 弟が一生懸命自転車に乗れるように練習していた。私も手伝っていたけれど、なかなか上達しなかった。けれど、弟はあきらめずに何度も何度も練習していた。練習を始めて一カ月経ち、ようやく私が補助をしなくても、乗れるようになった。弟のがんばりが実った瞬間だった。私は「えらい！よくやった！」と弟に声をかけた。

〈答え〉

① 感心する

ある人が、なにか人のためになるようなこと、あるいは自分で行うのは難しいと思っていることをやっていると知ったときに「すごいな」と思ったときの気持ちです。

② ほめる

ある人が、なにか人のためになるようなこと、あるいは自分で行うのは難しいと思っていることをやっていると知ったときに「すごいな」と思ったときの気持ちです。

そして、その「すごいな」という思いを、相手に伝えたときの気持ちでもあります。

〈補足〉

①は、人の行動や考えに優れているところがあり、その優れている部分に高評価を下すときの気持ちです。ただ、この気持ちは対象の優れているところに気付いたときに抱く気持ちであり、②と違い明確に行動に出ません。行動というより、様子、反応になります。

②は、人の行動や考えに優れているところがあり、その優れている部分を持つ相手に、直接優れていると思ったことを伝えるときの気持ち言葉です。①とは違い、相手に対してのセリフや行動に表れやすいです。

問題　次の文章にふさわしい気持ち言葉を次から選び、答えなさい。

［　感謝する　・　祝う　］

③　算数の宿題をやることをすっかり忘れてしまった。算数の授業が始まるまであと五分しかない。今からやってもとうてい間に合わない。どうしようとあたふたしていたら、友達がぼくの様子に気付き、何も言わずに宿題の答えが書いてあるノートを差し出してくれた。ぼくは「ありがとう」とつぶやき、友達に手をあわせた。

④　お姉ちゃんがピアノのコンテストで優勝した。優勝を目指して、お姉ちゃんが必死になって練習していることを知っている。お姉ちゃんが優勝が決まって舞台から降りてきたとき、ぼくはまっさきに「おめでとう！」と叫んだ。

〈　答え　〉

③　感謝する

人が自分のためを思ってやったことに対して、すなおにお礼を伝えたいときの気持ちです。

④　祝う

相手や、自分になにかよいことがあり、「喜ぶ」気持ちがわき起こり、そして、その喜びから、言葉や行動で喜びを伝えようとするときの気持ちです。

〈 補足 〉

③は、人が自分のためを思ってやった行為や気配りを受けて、その気持ちを素直に受け取り、ありがたいと思ったときに使う気持ちです。

同義語として「申し訳ない」があります。

「感謝」と「謝罪」が同じ状況というのは、改めて考えると面白いことではありますが。違いとしては、相手の好意をどう捉えるか、ということでもあります。

これらの「気持ち」に関しては、その差異をそこまでつきつめずとも良いです。

④は、相手に何かしら良いことが起こり、自分もそのことを喜び、そして相手に良いことが起きたことの喜びを伝える気持ち言葉です。自身に対して起きた良いことに使うこともあるにはありますが、相手に起きた良いことに使う場合がほとんどです。

まとめ

① 「感心する」・「ほめる」の対象は、年下や同年代が多い
② 「感心する」・「ほめる」の使い分けは、行動に着目する
③ 「感謝する」は、日常の動作（頭を下げる・手を合わせるなど）とつながりが強い

⑪ 対象にマイナスがあり、否定的に捉える

自分と比較することなく、相手のマイナスを悪いものとして捉えるときの気持ちです。「怒る」という「気持ち」に含まれるものですが、「怒る」は一時的な気持ちなのに対して、この項目の気持ちは、常に、相手に抱いている気持ちも含まれます。

相手に対して、どう思っているのかは「気持ち」というより、評価とも言えます。

問題　次の文章にふさわしい気持ち言葉を次から選び、答えなさい。

［　責める　・　敵意を抱く　］

① 運動会のクラス対抗リレーでぼくはアンカーに選ばれなかった。せっかく一生懸命練習していたので、ちょっとくやしかった。そして運動会当日、ぼくは必死になって走り、トップでバトンをアンカーのマサシに渡した。このまま順調にいけば一位だったのに、マサシのやつが転んで、結局ビリになってしまった。やっぱり、ぼくがアンカーになれば良かったんだ。

泣きそうな顔でぼくらのところにくるマサシに「なにやってんだよ！」とぼくはどなった。

② ぼくの好きなマドカちゃんはとてもおとなしい。いつも女の子同士のグループでいるが、そのなかでもあまり話していない。ほんとは話したいのに、なかなか話せずにいた。

ところが、転校生のキョウスケは誰かれかまわずベラベラと話しかける。マドカちゃんも最初はなれなれしく話しかけてくるキョウスケにとまどっていたみたいだけど、いつしか楽しそうに

おしゃべりするようになっていた。
ぼくはそんなキョウスケを自分でも気付かないうちににらんでいた。

〈答え〉

① 責める

ある人のせいでなにか失敗し、そのことを許せずに、ある人を悪く言うときの気持ちです。

② 敵意を抱く

前々から、ある人になにかしらイヤなところがあり、その人をずっと許せない、イヤだと思い続けているときの気持ちです。

〈補足〉

①は、相手が何かしら失敗をし、それによって自分たちに不利益なことが起こり、原因である相手を言葉などで非難するときに使います。

対義語として、相手の失敗を責めず、相手に同情するときの気持ちに「許す」があります。

②は、ある一つの出来事のみでなく、前々から相手の何かしらに気に入らないところがある、という場合に抱く気持ちです。

気持ちというより、「敵意を抱く」相手への評価、とも言えます。

ただ、一つの出来事がよほど強く深い出来事ならば、前々から思わずにいなかったとしても、この「敵意を抱く」という気持ち言葉もあてはまります。

問題　次の文章にふさわしい気持ち言葉を次から選び、答えなさい。

［　憎む　・　反発する　］

③　学級委員のアイツはなんでも上手くやるやつだ。勉強もスポーツもできて、クラスメイトの人気もあり、先生からも信頼されているようだった。でも、オレはあいつのことがなぜか気に入らなかった。クラスのなかで、オレだけと話さないことを気にしてか、最近しきりにアイツから話しかけてくるようになった。
　とうとうアイツは「なにか僕が君の気に障ることをしたのなら謝るから許してほしい。君とは友達になりたいんだ」とまで言ってきた。「誰がお前なんかと」とオレはつい反射的に言葉に出していた。

④　体が大きくて、いつもえばっているので、みんなから「ゴリラ」と呼ばれているヤツがいる。ゴリラは先生がいないときを見はからって、ぼくをたたいてくる。ぼくはずっと我慢していたが、ゴリラが、お母さんが編んでくれたマフラーを取り上げて、昨日の雨で出来た水たまりに投げ捨てたとき、ぼくの中に、初めて黒い色の気持ちが生まれた。

〈 答え 〉

③ 反発する

ある人に気に入らないところがあり、その人のやることに対して、素直に受け止めずにいるときの気持ちです。

④ 憎む

ある人が、なにか自分や自分の大切な人・もの、を悪く言ったり、傷つけたりして、そのことに強い怒りがわき起こり、決して許さないと思ったときの気持ちです。

〈 補足 〉

③は、相手の言動に気に入らないところがあり、その言動に対して反抗する思いがあるときの気持ちです。内心で留める場合もあれば、ハッキリと態度に出す場合もあります。

小学生、あるいは中学生が主人公の物語文ならば、反抗期ということもあいまって、「親」に対して向ける気持ち、という使われ方が多いです。

④は、とても強い気持ちの表れです。日常生活でもそうそう感じない気持ちでしょう。「怒る」「敵意を抱く」などの気持ちの、最上級の表現と言えそうです。そのため、出題頻度は高くありません。

＊「理解に関する気持ち」で触れた「呆れる」もこの領域に含まれると考えてもよいです。

まとめ

① 相手へのマイナスの気持ちが蓄積されて、より激しいものとなったものが多い
② マイナスの気持ちの蓄積が必要なため、関係性が強くある人物に抱く
③ 「反発する」は、主に子どもが身近な大人への気持ちとして描かれやすい

⑫ 対象にマイナスがあり、プラスの働きかけをする

相手がなにかしらマイナスな状況にあり、その状況を打ち破ることを支援するときの気持ちです。相手に支援するということは、必然的に相手を助けられる余裕がある、ということでもあります。そのため、年上から年下へ、あるいは、失敗していないものが失敗したものへ、という関係性のなかで使われることが多いです。

問題　次の文章にふさわしい気持ち言葉を次から選び、答えなさい。

［　いたわる　・　許す　・　応援する　・　かばう　］

① 妹が高熱を出して寝込んでいる。ふだんはかわいげがなく、私に向かって憎まれ口をたたくばかりだけれど、熱で苦しそうな姿を見るのは、私としても心が痛い。

お母さんが買い物に行くあいだの看病は私が引き受けた。冷たい水でしぼったタオルを、妹の額においた。少しでも気分がよくなるように、一緒に寝ていたころのように、頭をやさしくなで続けた。

② テストでいつも百点をとっていたケイスケくんが、今回はめずらしく八十点だった。その点数でも十分すごいと思ったけれど、彼にとっては全然だめな点数のようだ。テストを返されてからすっかり落ち込んでいる。彼のまわりに、黒い煙が立ち込めているかのようだった。

そんなに仲良くはないけれど、その姿を見たら、話しかけずにはいられなくなった。「仕方ないよ、こんなときもあるって。次はきっと百点とれるって」と声をかけた。

③ おにいちゃんとケンカをすると、おかあさんはいつもおにいちゃんをしかる。「あんたがお兄ちゃんなんだから、それぐらいがまんしなさい」っていつもいつも言われて少しかわいそうだなって思う。

今日も、あたしがおにいちゃんに借りた本をわざとじゃないけど、やぶいてしまった。おにいちゃんが大切にしていた本だから、おにいちゃんは私をどなるけれど、大切なものがこわされたら当たり前のことだと思う。でもおかあさんはおにいちゃんのどなり声を聞いてとんでくるなり、「あんたが悪いんでしょ!」といきなりおにいちゃんをしかった。

ふだんはおかあさんに言い返すことなんてないけど、「違うよ!あたしがわるいんだよ。おにいちゃんをいつもしからないで!」と叫んだ。

④ せっかく作った、夏休みの宿題でもあった作品を友達が壊してしまった。友達はわざと壊した

ようじゃないし、必死になって謝ってきた。ここで友達を責めても作品も直るわけじゃないし…。反省しているようだし…。
「わざとやったわけじゃないんだろ、ならそんなに謝らなくてもいいよ」と伝えた。

〈答え〉

① いたわる
なにかしらダメなところがある人に対して、やさしく、親切に接しようとするときの気持ち言葉です。

② 応援する
落ち込んでいる人や、これからなにか難しいことを行う人に対して、元気づけようとするときの気持ち言葉です。

③ かばう
ある人が責められているときに、その人を守ってあげようとするときの気持ちです。

④ 許す
ある人が何か自分に悪いことをしたとき、あるいはある人の失敗でよくないことが起きてしまったとき、そのことで相手を責めずにいようとするときに使う気持ち言葉です。

〈補足〉

②「応援する」は、同義語に「励ます」があります。

①「いたわる」と、②「応援する」は、近しい「状況」で使う気持ち言葉です。違う点は「行動」での表れ方になります。「いたわる」はあくまでやさしく、という表現になります。対して「応援する」は、元気づけるような表現になります。

一例ですが、「いたわる」は「頭をなでる」、「応援する」は「背中を力いっぱいたたく」などの違いがあります。

また、「いたわる」はマイナスに沈んだものをゼロにするようななぐさめでもあり、「応援する」はマイナスをゼロ、そしてプラスに転化させるような力強い言葉などを用います。

③「かばう」は、相手が悪い立場になりそう、あるいは悪いことが起きてしまいそうなときに、自分がかわりにそれを引き受ける、あるいはそれらから相手を守るときに使う気持ち言葉です。

まとめ

① 前項と同様に、年下が対象となりやすい
② 「いたわる」・「応援する」の差異は、強い行動かどうかで判断する
③ 「許す」・「かばう」は、自分に不利な状況が起きたかどうかで判断する

⑬ 好感に関する気持ち言葉

子どもたちの人生経験の少なさ、あるいは恥ずかしさ、かっこわるいなどの思いがあってか、この「好き」という気持ちに対して、理解したということを積極的に言う子どもは少ないです。また、小学生の男の子であればなかなかわかりづらい場合も多いです。

丁寧に、そして理解だけでなく、可能ならば共感も導けるように教えると良いです。

問題　次の文章にふさわしい気持ち言葉を自分で考え、答えなさい。
ただし、異なる気持ち言葉で答えましょう。

① わざとじゃないけれど、テッペイが次郎の作った作品をこわしてしまった。次郎がそれをどれだけ一生懸命に作ったか知っているから、ぼくもテッペイも顔が青くなった。タイミング悪く、次郎が来てしまい、自分の作品がこわれているのを見て、顔がひきつった。

テッペイはすぐに次郎のそばにかけより、土下座せんばかりの勢いで謝った。次郎は必死に謝っているテッペイの姿をやや苦笑して見ていたが、「まぁ…、しょうがないか。わざとじゃないんだし」とつぶやいて、「気にしなくていいよ」とテッペイを許した。

ぼくならば謝ったとしても相手にひとつやふたつ文句を言いたくなるのに、それだけですました次郎に対して、良いやつだな、と思った。

② 小学四年生のときに、教育実習に来た長谷川先生がとてもすてきだった。あたりまえだけれど、クラスの女の子よりも大人で、お母さんよりも若くて、きれいで…。そんな長谷川先生はあっという間にクラスの人気者になった。やさしくて、怒るときはちょっぴりこわいけれど、ふだんは他の先生とは話が合わない歌手の話とかできて楽しかった。

体育でぼくだけ逆上がりができずにいたので、放課後に残って練習していると、長谷川先生が近づいてきて、いろいろとアドバイスをくれた。それなのにまだなかなかできないぼくに先生は背中からおおいかぶさるようにして、鉄棒の握り方や、体の動かし方を教えてくれた。若い女の人にくっつくようなことが今までなかったから、少しドキドキした。お母さんのお化粧のにおいとは違う、よくわからない甘いようなにおいがして、ぼくはすこし頭がくらくらした。結局、逆上がりはできずじまいだったけれど、その日の夜、長谷川先生を思い出して、なかなか寝付けなかった。

次の日、学校に行くと長谷川先生はやさしく笑いながら「おはよう」と声をかけてくれたけれど、ぼくは目が合わせられなかった。

〈 答え 〉

① 好意を抱く

ある人に対して、その人が自分に何か良いことをしてくれた、あるいは、ある人の性格や考えなどを知ってイイヤツだなと感じたときの気持ちです。

男の子と女の子との間に限らず、男の子同士、女の子同士でも抱く気持ちです。

②　淡い恋心を抱く

ある人に対して、はっきりと好きという気持ちにはなってはいないのだけれど、とても気になっているときに使う気持ち言葉になります。

男の子は女の子へ、女の子は男の子へ、抱く気持ちになります。

〈　補足　〉

①の「好意を抱く」は、性別を問わないもの、とわざわざ記しました。

理由として、②の「淡い恋心を抱く」は、異性間に限定されるので、その区別のためです。

中学受験国語ということを考えると、「恋」というものが、同性相手に抱く気持ちとして出題されることはないので、まずは「気持ち」の対象で区別を意識して欲しいからです。

わざわざこんな断りをするのは、これまで複数の生徒から「同性愛の人もいるんじゃないの」と、指摘を受けたからです。ただ、そういった発言をする子ほど、実体験としての恋愛は、まるでないように思えますが……。

「淡い」という言葉がついているのも、中学受験生を対象にしているためです。読み手としてまだ「恋」というものがあまり理解できていないというものもありますが、「恋」をあつかった出題文章の登場人物は、多くの場合は小学生です。そもそも「恋」をしているということを自覚しているかどうかがあいまいなために「淡い」という言葉を補いましたが、なくてもかまわないものでもあります。

ただ、より正確な、あるいは細かな使い分けを意識することも大事です。

この②の例文は、年上の異性への身体的な接触をきっかけとしています。私の感覚的なお話になってしまいますが、「異性の身体」に注目させる作家は、子どもとの感性の乖離が極めて大きい、という印象があります。

「やさしい」「かっこいい」「かわいい」「面白い」などの、子どもが好きな相手の特徴として挙げるものとの差が大きく、多くの子どもはこの「異性の身体」をきっかけとする「淡い恋心」は理解できません。そのため、あえて取り上げています。

子どもへの伝え方として、「自分の体つきと異なる」→「異性として改めて意識する」→「異性と感じたことで恋につながりやすい」という流れで教えることが無難かと思います。

「恋」という気持ち自体はていねいに伝えるべきでしょうが、「身体の性差」に深く踏み込むのはあまりよろしくないのでは、と考えます。

まとめ

① 一部の子どもには未経験な気持ちなので、共感でなく、理解させることを目指す
② 「恋心」を子どもが抱いた場合、その気持ちが何なのか、自覚できない場合がある
③ 「淡い恋心」は、「つよがる」同様に「状況」と「行動」が結びつかないので注意する

⑭ 子ども・動物など、弱者に対して抱く気持ち

気持ちを抱く対象と、その気持ちを抱く人物との差が明確です。その「状況」からの判断がわか

りやすい（学びやすい）気持ちです。しかし、子ども自身が「弱者」にあたるので、この項目の気持ちを今まで抱いたことがないことが多く、なじみがないでしょう。
ひとつひとつていねいに学んでください。

問題　次の文章にふさわしい気持ち言葉を次から選び、答えなさい。
末尾の（　）内の人物の気持ちを答えます。

［　いとおしい　・　ほほえましい　・　いじらしい　］

①　お母さんに連れられて、春には最低三回は動物園に行く。一年のうちに何度も行くけれども、春は特別のようだ。理由は単純、動物の赤ちゃんが生まれるからだ。お母さんは動物たちの赤ちゃんを見るたびに十分以上は立ち止まり、「かわいいわね〜」とつぶやいている。（お母さん）

②　お母さんがそれまでと違ってゆったりとした服を着るようになった。お母さんはまだ若い、が口ぐせでスタイルにも気をつけていたのに、ご飯をいつもより多く食べるようになった。
それから二月ほどたったころ、お父さんとお母さんは、私に妹か弟ができるよ、と伝えた。うすうすそうじゃないかと思っていたけれど、はっきりとわかるとやっぱりうれしい。私の扱いが少し悪くなったような気がするけれど、妹ができるかもしれないと思うと許してやろうという気持ちになってくる。妹と決まったわけではないけど、どうせなら、妹がいい。一緒になって遊べるということは大事だ。

お母さんは日に日に大きくなっていくお腹をよくなでるようになった。その表情はいつも怒ってばかりのお母さんと違って、とても優しげだった。（お母さん）

③　出張で県外に行かなくてはならず、朝の早い時間に家を出た。普段出社するより二時間はやい。まだ外はうす暗く、寒かった。
そんな中、小学五年生の息子と同じくらいの年の男の子が、必死になって自転車をこいでくるのが見えた。荷台にはたくさんの新聞を積んでいた。配達中なのだろう。

まだ息子はベットの中で寝てるのに、その男の子はこんな朝早くから働いている…。その男の子の姿を見ていると、私は自然と目がうるんできた。（私）

〈 答え 〉

①　ほほえましい

ネコや小鳥などの小動物や動物の赤ちゃんなどを見て「かわいい」と思うときの気持ちです。

また、人間の赤ちゃんを見たとき、（大人が）小さい子どもを見たときに「かわいい」と思ったときの気持ちでもあります。

②　いとおしい

大人が自分の子どもや孫に対して「かわいい」、「大切な子どもだ」と思ったときの気持ちです。

③　いじらしい

小さな子どもが、他の子どもはしなくてもすむようなことをがんばっているのを見て、「えらいな、がんばっているな」と思ったときの気持ちです。

〈補足〉

①の「ほほえましい気持ち」は、「かわいいと思う気持ち」と内容としてはほぼ等しいのですが、「かわいい」という言葉の使われ方があまりにも幅が広いので、避けた方がよいです。

②「いとおしい」は、赤ちゃんや幼い子ども、特にそのなかで自分と関係が深い人物に抱く気持ち言葉です。対象に対してかわいい、そして大切だという想いが強く込められています。

そのため、親が子どもに、あるいは祖父母が孫に抱く気持ちと単純化してもよいでしょう。

③「いじらしい」は、子どもや自分よりも立場の弱い人が、つらい境遇の中がんばっていることを知ったときに抱く気持ちです。「あわれに思う」、「かわいそう」などと近しいものがありますが、特筆すべき点として、対象が「がんばっている」ということを肯定的に捉える、というものがあります。たんにつらい環境にあるということよりも、そんななかでがんばっている、という部分に注目した気持ちになります。

まとめ

①「かわいいと思う」は、幅広く使えすぎるので避ける。細部の違いを意識する
②親から子、祖父母から孫への気持ちは「いとおしい」をまず疑う
③弱者が必死にがんばっているときは、「いじらしい」を想定する

⑮ 時間・距離が離れていることを思うときの気持ち

今手に届かない遠くにある、あるいは決して届くことのない過去にあったこと・もの・人に向けて抱く気持ちです。気持ちとしては「今」というときに抱いているものではありますが、思い出している場所や時間は離れています。

過去を振り返っているときに抱く気持ち、という認識でも間違いではありません。ただ、振り返る過去によって、気持ちのプラス・マイナスの波が大きく異なります。

すでに出た「後悔する」「反省する」などとは、別のものになります。

問題　次の文章にふさわしい気持ち言葉を自分で考え、答えなさい。

① まとまった休暇が取れたので、久しぶりに生まれ故郷に帰った。電車からの風景でも思ったが、駅に降りてからも見える風景は変わっていない。十年ぶりの故郷は、空の色も、町の風景も、においも、なにもかも記憶の中のものと同じままだった。

② 高校の同窓会の案内のハガキが来るたびに思い出すのは、もう会うことはない彼のことだった。ほとんど話したことがないが、学校のテストではいつも彼と首位争いをしていて、周りからはライバル関係のように扱われた。実際に私も彼には対抗意識を抱いていた。
二年生の期末試験で総合順位は彼に敗れ、私は二位だった。次のテストでは挽回しようと必死になって勉強していた三学期のテスト前、彼は交通事故で亡くなってしまった。彼に勝ち逃げされてしまった。それからずっと彼に勝てずに終わってしまったことが、高校生活での、心残りだった。

かつての同級生たちは、彼の話をほとんど出さない。そのため、彼のことを思い出すのは、この同窓会のハガキが来たときだけだった。「もし生きていたら、次は私が勝っていたのにな…」と、毎年ハガキに向かってつぶやく私がいた。


〈答え〉

① なつかしい

しばらく見ていないもの、会っていない人を、久しぶりに見たときの気持ちです。

しばらく会っていない、ということから、死んでしまった人のことを思い出したときの気持ちとしても使います。

「見る」・「会う」ことをしなくても、思い出すときに感じる気持ちでもあります。

② しのぶ　＊漢字で書くと「偲ぶ」

もうすでに、死んでしまった人を思い出すときの気持ちです。

〈 補足 〉

①「なつかしい」は、遠く離れた故郷・友人や家族、昔の思い出の品や出来事、そしてすでに死んだ人を思い出すときに抱く気持ちです。

②「しのぶ」は、「なつかしい」に近しいものがあります。違う点は、物に対してはこの「しのぶ」という気持ちは用いない点です。(その物から、どうしてもある人を思い起こすという場合ならば、使えなくもないです)

葬式のあとに行われる、亡くなった人を「偲ぶ会」のように、死者に対して使われることが日常では多いです。問題を解くときもそれに準じて、「死者に対して使う」気持ちとして使いましょう。

まとめ

① 実際に目の前になくとも、思い出すだけで、わき起こる気持ちがある
② 死者に対しては、「しのぶ」を優先する
③ 死者以外では、「なつかしい」を優先する

⑯ 死に関する気持ち

本来（あるいは日常）ならば、「悲しい」という気持ち言葉で充分事足りてしまうものです。しかし、中学受験国語においては、より細かな表現が求められます。子どもにはなじみがなく、そして出題される小説ではまま見る特殊な気持ち言葉を確認していきます。

問題　次の文章にふさわしい気持ち言葉を次から選び、答えなさい。
　末尾の（　）内の人物の気持ちを答えます。

［　無力感を抱く　・　実感できない　・　いたむ　・　しのぶ　］

① 祖母の死の知らせを聞いて、両親に連れられて田舎に帰った。母は、本当は死を看取りたかったようだけれど、あまりにも急に亡くなってしまった。祖母の遺体は広間に横たわっていた。母は祖母にすがりつくようにして泣いていた。父は痛ましそうに母を見た。それから、祖母に向かって手を合わせ、目を閉じた。（父）

② 祖母の一周忌のため、おじさんやおばさんたちが家にやってきた。祖母が亡くなった直後はみんな悲しみで泣いていたが、今日はそんなことはないようだ。祖母の生前の思い出をみんなで語り、祖母との思い出話に花を咲かせた。（みんな）

③ 目に見えてやせ細っていく彼女は、同時に生きる希望もなくなっていったようだ。

毎日毎日お見舞いに行ったが、彼女を励ますという目的は達成できなかった。彼女の変わりように、おどろきと悲しみをなんとか出さずに接しているだけが精一杯だった。彼女の病におかされた体と気持ちをどうにもすることができずにいたぼくは、自分のふがいなさをかみしめることしかできなかった。（ぼく）

④ 昨日の帰り道に、「また、明日な」と言って別れたのが最期だった。葬式にも行ったが、まるで眠ったようなアイツの顔を見てると、そのうち目を覚ますんじゃないかな、と思った。いつものように笑いかけてくるんじゃないかって。火葬場で焼かれて、骨と灰だけになったのを見ても、オレはなぜかそう思い続けた。明日にでもまた会えるんじゃないかって。（オレ）

〈答え〉

① いたむ　＊漢字で書くと「悼む」

ある人が死んでしまったことに対して、悲しみを抱く気持ちです。「悲しい」と大きく違う点は、この言葉は人が死んでしまったときにしか使えません。

② しのぶ　＊漢字で書くと「偲ぶ」

前の項目で出た通り、死んでしまった人を思い出すときの気持ちになります。いたむ（悼む）との違いは、悲しみが主体となるのでなく、あくまで死んでしまった人を思い出す、ということが中心です。
また、時間がたてば、死んでしまった人との楽しい思い出もよみがえることもあるでしょう。必ずしも、死んだ人のことを思う＝悲しい、というわけではありません。

③ 無力感を抱く

これから死にゆく人、死んでしまった人に対して、何もできずにいたときの気持ちです。

④ 実感できない

誰かが死んだことがあまりにも急なことで、その「死」を信じられずにいるときの気持ちです。

〈補足〉

②の「偲ぶ」ですが、死者を思い返すとともに、悲しみが湧き上がってくることもあるでしょう。その場合は「悼む」を使う方がよいです。

③「無力感を抱く」は自信に関する項目の通りです。「悼む」、「偲ぶ」との大きな違いは、明確に自分に向かう感情ということです。「死」とは、おそらくは多くの人にとっては好ましくない、できることならば避けたいものでしょう。老いの結果であれば納得はできますが、病気や事故が死因ならば、つまり寿命よりも早い死ということであれば、納得して「死」を受け入れづらいものです。
本来ならばもっと生きられたはずなのに、それができなかった、ということへの無念さから、

あるいは、その死の場面を近くで見て、そして、救えなかった、と考えるときに抱く気持ちです。

④「実感できない」は、その出来事があまりにも唐突で理解できない、あるいは自分が望んでいなく、悲しみやつらさを招く出来事のため、受け止めることを心が拒んでいるときに使う気持ち言葉です。

「死」に関する気持ち言葉として出しましたが、他のよほどショックな出来事（マイナスの出来事のみでなく、プラスの出来事も含む）のときにも使う気持ちでもあります。

まとめ

①「気持ち」の対象が死者ならば、「悼む」・「しのぶ」
②「気持ち」の対象が自身ならば、「無力感を抱く」
③「気持ち」の対象が出来事ならば、「実感できない」

⑰ 複雑な感情を内包する気持ち

子どもにとってはおそらく未経験、あるいは経験していたとしても、名づけることができていないであろう気持ちです。大人でもどういうときに抱く気持ちなのか、とっさには説明できないものでしょう。がんばって理解してください。

問題　次の文章にふさわしい気持ち言葉を自分で考えて、答えなさい。

①　好きだったあの子に、いつのまにか彼氏ができていた。告白する勇気もないぼくに、そのことを残念がる資格はなかった。付き合いたい、という気持ちはそもそもなかった。あの子の笑顔を見ることができていたら、それだけで満足だった。でも、あの子が彼氏に、これまで見たことがない笑顔を向けているのを見て、そして、その笑顔はぼくには決して向けられないことを思うと、胸が締め付けられるような思いになった。

②　大震災からだいぶ月日がたったが、まだまだ多くの都市は復興していない。あの日、多くの命、多くの人々の日常が奪われた。もしこれが戦争でのことであれば敵国を憎むことはできたのに…。自然を憎んでも意味はなかった。それでも、奪われた多くのもののことを思うと、心の深いところを、重いものがふさいでいた。

③　大会前に骨折してしまい、練習はもちろん、大会にすら出ることがかなわなかった。自分が大会に出られなかったことで出場するようになった、自分よりも下手なヤツのプレーをみる度に、自分だったらもっと上手くやれるのに、という思いが頭をよぎった。

〈答え〉

① せつない

悲しみや恋しさなどで、胸が苦しくなるようなときに使う気持ちです。人とのしばらくの別れのときに使われることもあります。

②やるせない

怒りや悲しみなどの気持ちがあるのに、その気持ちを誰に、何に向けていいのかわからず、その気持ちを外に出したいのに、出せないでいるときの気持ちです。

③もどかしい

自分が思っていたとおりに物事が進まずにいて、「なんで上手くいかないの！」と強く思うときの気持ちです。

〈補足〉

①は、問題文でもあるように、別れといっても毎日会うことができるが、心の距離がはっきりと遠くなってしまった、という場合でも可能です。決して失恋のみに使う、というものでもなく、たとえ恋人同士でも会いたくても会えないで思いが積もる、という場合でもよいでしょう。「状況」に注目することより、「行動」で表現される「苦しさ」に注目すると良いでしょう。

②「やるせない」は、①の「せつない」とほぼ同じですが、使用する「状況」の傾向に違いがあります。

「せつない」は前述の通り「悲しみ」や「恋しい」などを含む別れ、「やるせない」は「恋しい」よりも「悲しい」という気持ちと結びつきやすく、甘い感傷が入りにくいです。

ここまでの差異をつきつめる必要はないですが、「せつない」は「恋しい」、「やるせない」は「悲しい」をより細分化したもの、という認識でよいでしょう。

③「もどかしい」は、「不満な」という気持ちでも代替できなくもないですが、この「もどかしい」という気持ち言葉の「状況」は「したくてもできない」という具体性があります。おおまかな表現で代替させるのでなく、より細かな状況を意識しましょう。

まとめ

①「複雑な気持ち」は、文章題では、複数の相反する気持ちを抱いているときの表現
②「せつない」は悲しみと恋、「やるせない」は悲しみと無力感の複合ともいえる
③「もどかしい」は、「不満な」という状況に近しく、よりあせり、苦しんでいる気持ち

⑱ きわめて強い気持ち

小説ではわりと多く扱われ、日常生活においては、なかなか経験できない「気持ち」です。言葉自体は知っているでしょうが、子ども、あるいは大人であってもなかなか体験したことのない「気持ち」のため、正確な理解は難しいでしょう。

この項目の「気持ち」は、ありがたいことに、「状況」や「行動」の描写がわかりやすいものが多いです。「気持ち」自体はわからずとも、「状況」・「行動」から、気持ち言葉へと結びつけましょう。

問題　次の文章にふさわしい気持ち言葉を自分で考えて、答えなさい。

①　母の遺品を整理していたときのことだった。

自身の死期を悟っていたのか、亡くなる二週間前には多くの荷物を母が自分で片付けていたので、私がやることは押し入れに母の日常使っていた品をしまうくらいだった。母がいなくなったのだから、誰も使うことはないが、すぐに捨てるのは気がとがめた。

その作業中に、アルバムを見つけた。表紙には私の名前がついている。開くと、私が誕生したときから、高校の入学式の写真までがていねいに並べられていた。高校から反抗期になった私は、それ以降家族で写真をとることを特に理由もなく避けていた。そのため高校の入学式までの写真しかなかった。一ページ一ページに、その写真をとったときの母の気持ち、私の様子が記されていた。

あまりしゃべる人ではなかった母らしい、短い言葉が並んでいた。最初の一ページ目に「生まれてきてくれてありがとう」とだけ記されていた。その言葉を見て、私は思い出した。母は誕生日の度に私を抱きしめて、そう言ってくれたことに…。

母の言葉とともに、母の愛が改めて私に伝わってきたような気がした。自然と涙が流れた。

②　ある小説家の本を古本屋でたまたま手に取った。その美しい言葉遣いにすっかりとりこになってしまい、身近な読書仲間にさっそく薦めた。その小説家のことを調べるとすでに亡くなっていて、何冊かはすでに絶版になってしまったようだ。多くの古本屋をめぐったが、絶版になってしまった本は手に入らずじまいだった。

その年の誕生日に、その小説家を薦めた読書仲間の一人が、その絶版になってしまった本をプレゼントしてくれた。その本を読めることもうれしいかったが、なにより必死になって本を探してくれたという気持ちに、私が泣きながら「ありがとう！」と叫んだ。

③　今日は最高の一日だった。一週間前からがんばって勉強した国語で満点が取れて、しかもそれはぼくひとりだけだった。さらに、大好きなさくらちゃんに「今度ふたりっきりで勉強教えてね」と言われ、うれしさで学校中を走り回りたい気分だった。

〈答え〉

① 感動する

人のとても強いやさしさや愛情、とても思い入れのある人・ものとの出会い、美しく立派な自然、などを見たときの気持ちになります。

言葉では言い表せないような、心を強くゆさぶるような気持ちです。

この気持ちを使うことは、あまりありません。ふつうに生きていたら、なかなか感じないような、とても強い気持ちです。

② 感激する

人のとても強いやさしさや愛情に触れ、とてもうれしい気持ちでいっぱいになったときの気持ちです。

「感動する」との違いは、「感激する」は人に向けての気持ちが中心になる、ということです。

③ 有頂天になる

とてもうれしいことがあり、そのことでまわりが見えないくらい喜ぶ気持ちです。

〈補足〉

① 「感動する」は、前述のように、他者からの愛情ややさしさ、強い思い入れのある人や物との出会い、言葉にできないような自然の雄大さを感じたときなどに使う気持ち言葉です。

他の気持ち言葉と一線を画すのは、この気持ち言葉は極めて強い感情の表れだからです。そのため、「落とした消しゴムを拾ってくれた」という程度のやさしさでは「感動する」という言葉には行きつきません。(例外は無くはないでしょうが、ひとまずここでは一般的な状況の説明になります)

また再現性が低いような出来事、つまり、生涯に一度あるかないか、ということに対して使われます。この気持ち言葉の特徴として、その気持ちの強さとは対照的に、大きな身体的な表現―行動―とは結びつきが弱いです。

例えば、「泣く」という行動に至ったとしても、静かに涙が流れるという程度で、声を伴った大泣きなどでは表現されません。

愛情、やさしさ、出会い、自然などがもたらす、静かで深い「気持ち」になります。

② 「感激する」は、人の愛情ややさしさに触れたときの気持ち言葉です。「うれしい」「喜ぶ」な

どの気持ちの最上級のもの、という理解でも充分です。ただ、状況が限定されます。「感動する」との違いとして、感動は自然や無生物（芸術作品など）がきっかけでも抱く気持ちですが、「感激する」は他者の自分を想った気持ちがきっかけで使う、ということが挙げられます。また、「感激する」という「気持ち」から至る「行動」は、その強さに見合ったもので、大泣きする、おおはしゃぎする、などがあります。

③「有頂天になる」は、きわめて強いうれしいことがあり、そして、まわりが見えなくなるほどそのうれしさに酔いしれ、それに見合った行動、描写がなされます。「舞い上がる」「天にも昇るような」などの言葉が使われます。

まとめ

① きわめて強い「気持ち」なので、多用することは避ける
②「感動する」は自然・人・芸術など多様だが、「感激する」は人の好意がきっかけ
③「有頂天になる」は、「うれしい」・「喜ぶ」の最上級の表現とみなす

⑲ 状況が複数ある気持ち

これまでの項目では、「状況」をだいたいひとつのものとして抽象化して説明してきました。しかし、なかにはひとつの「状況」に抽象化しづらいものがあり、あきらかに複数の異なった「状

況」から導き出される共通の「気持ち」があります。その異なったいくつもの「状況」に注意して、理解していきましょう。

問題　次の①と②に共通する気持ち言葉を自分で考えて、答えなさい。

①　毎年、おおみそかは夜遅くまで起きていても、親は文句を言わない。むしろ、一月一日になったときに「新年おめでとう」というきまりみたいになっている。音楽番組はボクの知らない歌手の人ばかりが出て、正直たいくつだ。そこで、お笑い芸人さんが出ている番組にしてくれるように、お父さんに頼んだ。その番組をボクはずっと大笑いしながら見ていた。

②　学校に、テレビに出ているような学者さんが授業に来た。それまで気にも留めていなかった宇宙の話や、地球や月のことも話してくれた。ぼくは気になって家に帰ってから、ネットで宇宙のことをどんどん調べていった。そして、宇宙の奥深さを知っていった。

〈答え〉

①と②　おもしろい

①は、思わず笑ってしまうようなことに接したとき、②は、あることを「もっと知りたい」と思ったときです。

大きく「状況」は違いますが、同じ気持ち言葉を使います。

〈補足〉

笑うことが伴うものか、知性に訴えかけるものか、対象が大きく異なります。①は「ゆかいな」、②は「興味を抱く」・「関心を持つ」・「好奇心を抱く」などの言い換えがあります。記述で使うときは、紛らわしさを避けるため、言い換えを中心に使うと良いでしょう。

問題　次の③〜⑥に共通する気持ち言葉を自分で考えて、答えなさい。

③　音楽のテストは、生徒が一人だけ前に立ち、先生とみんなに見られながら課題曲を歌うことになった。ぼくの番になって、みんなに見られたら、顔がまっかになった。

④　塾で数学の問題を解けずにいたら、先生が小学生を呼んで同じ問題を解くように言った。小学生には解けるはずがないと思っていたら、五分後には正解を出していた。先生に「こんな問題は小学生でも解ける」と言われて、解けない自分を周りが笑っていた。

⑤　いつもブランド服で着飾ってくるあの子と、となりあって一緒に歩くと、周りから比べられているような気がしてちょっといやだ。

⑥　好きな子がせっかく話しかけてくれたのに、ぼくは顔が熱くなって、しどろもどろになって、上手く話せなかった。

〈答え〉

③〜⑥ 恥ずかしい

この「恥ずかしい」という気持ちは多くの状況にあてはまります。

③は人に見られたとき、④は自分の出来の悪さを指摘されたとき、⑤は周りがすごくておじけづくとき、⑥は恋という気持ちが絡んだときです。

〈補足〉

③は「緊張する」、④は「情けない」、⑤は「気が引ける」、⑥は「淡い恋心を抱く」、などに代替可能な場合もあります。ただ、「おもしろい」とは異なり、常に代替できるわけではありません。

問題　次の⑦と⑧に共通する気持ち言葉を自分で考えて、答えなさい。

⑦　両親から、小学校から帰ったら外に遊びにでちゃだめときつく言われていたので、私はそれに素直に従っていた。両親は共働きで、ひとりっ子だったから、誰とも話すことがなかった。ある日、いつもは夕方には帰ってくる母親がまだ帰らずにいた。今日は遅くなるから、それまでご飯はがまんしてね、とメールで連絡があった。

外はすっかり暗くて、窓を見ても、自分の反射した姿しか映らなかった。

そのとき、ベランダの方でなにか大きな物音がした。私は自分の部屋に走って行って、母親が帰ってくるまで、ふとんを頭からかぶって過ごした。

⑧ 小さいころから、私はなんでも上手く出来た。日本舞踊も、体操も、水泳も、ピアノも。お母さんが、勉強になるからと、あるピアニストのコンサートに連れて行ってくれた。その人の演奏をきいて、私はおどろいた。私のピアノの音と、ぜんぜん違う。私なんかが、これからずっと練習しても、その音は出せないと、さとった。あんなに上手くピアノを弾ける人がいるなんて。私は姿勢を正して、私には出せない音に耳を傾け続けた。

〈 答え 〉

⑦と⑧ おそれる

⑦は何か危険なことが起きないかと、身構えるときの気持ちです。何に対して危険を感じるかはたくさんあります。よく怒る親や、まわりがよく見えない夜などが挙げられます。
⑧は自身よりもすごいと思うものと向き合ったときの気持ちです。

〈 補足 〉

⑦の「おそれる」は、漢字では「恐れる」と書き、同義語に「こわがる」が挙げられます。
⑧の「おそれる」は、漢字では「畏れる」と書きます。
漢字が異なるので、本来ならば、「状況が複数ある気持ち」というカテゴリーではないのですが、小学生はいずれの漢字も未習で混同しがちなので、この項目に含めました。

使う状況が大きくことなる、ということを改めて確認してください。

問題　次の⑨〜⑪に共通する気持ち言葉を自分で考えて、答えなさい。

⑨　これからピアノの発表会がある。いつもと違って、今日は五百人も入れそうな大きなホールだ。そんな大勢の前で演奏したことはない。順番を待っているとき、足がふるえてきた。

⑩　お母さんといっしょのときしか、電車に乗ることはなかった。けれども、今日はお母さんがいそがしくて、ぼく一人で電車に乗らなくちゃいけない。初めて一人でキップを買って、改札機に通す。お母さんといっしょならなんてことない動作をやるときに、手がふるえてきた。

⑪　受験当日、いつもよりも一時間早く起きなくちゃいけない。学校へ行くときはお母さんに起こされてばかりだったけれど、今日は自然と目が覚めた。この三年間のがんばりを今日、この日にすべて出し切らないといけない。顔を洗うために洗面所に行き、ふと自分の顔を見たら、いつもの自分の顔じゃないみたいに、顔がかたかった。

〈答え〉

⑨〜⑪　緊張する

⑨は、（多くの）人に見られるとき、⑩はこれから初めてやることに自信が持てず、そして真剣になっているとき、⑪は重要なことを行うときに失敗はしたくないと考え、とても真剣なときの気持ちです。

〈 補足 〉

「緊張する」という状況は複数ありますが、それ以上に厄介な点として、他の気持ち言葉を代用してもいいのでは、と思える場面が多いです。

⑨は「はずかしい」、⑩は「不安な」、⑪は「はりきる」などでもかまわないような状況です。判別の方法として、次章で練習する「行動から気持ちを引き出す」という観点が必要です。「状況」のみの正確な識別は困難な気持ちです。

「手足がふるえる」「顔が青く（白く）なる」「表情がかたい」などの行動から判別します。

問題　次の⑫〜⑭に共通する気持ち言葉を自分で考えて、答えなさい。

⑫　私はあるアイドルグループの大ファンだ。今年のクリスマスに、念願のライブを見に行くことになった。会場は、そのアイドルたちが大好きな人たちであふれ、アイドルの名前をさけんだりしている。ライブが始まり、アイドルがステージにあがると、私を含め、周りにいるファンの人たちが一斉に「うおーーー！」と、叫び声をあげた。

⑬　素直に謝ればいいのに、弟のリョウタはさっきから私のお説教をずっと無視している。形だけでも謝った方が得だということをわかっていない。リョウタがぼそっと「そんなに怒って大人げないな…」とイヤミったらしく言うものだから、私はとうとうキレて、怒鳴り出した。

⑭　明日は、初めてのデートだ。たぶん、一生分の勇気を出しきって、マリ子ちゃんを誘ったら、オッケーをもらった。明日のプランはもうできていて、どんな服を着て、どんなクツをはいていくのかも決めていた。早く寝ようと思ったのに、全然眠れそうになかった。

〈答え〉

⑫〜⑭　興奮する

⑫は激しい喜びがわき起こったとき、⑬は怒りをがまんできなくなったとき、⑭はとても楽しみにしていることがあるときの気持ちです。

〈補足〉

「興奮する」という状況は一見複数あるように見えますが、本質は一つです。

それは感情の激しい高まり、ということを意味します。

⑫は「喜ぶ」、⑬は「怒る」、⑭は「楽しみにする」という気持ちが極めて激しくなったもの、ということです。

他の「気持ち」が強まった場合でも、「興奮する」に行きつくことはありますが、ひとまずこの三種類をおさえましょう。

「喜ぶ」の最上級の「有頂天になる」、「怒る」の最上級の「憎む」と、「状況」は等しいです。

ただ、この「興奮する」という「気持ち」は、普段の行動から外れたものになります。例として、「叫ぶ」「顔がまっかになる」「ねむれない」「早口になる」「そわそわする」などです。また、自身の冷静さが全くないため、正しい行動や判断をできない、ということもあります。「行動」から、気持ちを判別しましょう。

まとめ

① 「おもしろい」は、同義語で表現し、使い分けを意識する
② 「はずかしい」・「緊張する」は、確実にそれぞれの状況を覚える
③ 「緊張する」・「興奮する」は、「行動」から判断する

一章の注意点

① 「気持ち」を知ることは、その「気持ち」の「状況」を知ることと同じ
② 実際の生活で考える「気持ち」とは、やや異なるものも「気持ち」として扱われている
③ 自分が経験したことがない「状況」・「気持ち」は、こういうものだと覚える

コラム② 気持ち言葉は確実に覚える

「状況」の一部を担う物語文の舞台・ストーリーは、ある程度は類型化はできますが、表面上は無限にあるように思えます。

また、どういう「行動」をとるのか、ということも表現上はとても多く、覚えきる、ということはできません。

しかし、「気持ち」を表す言葉そのものは違います。

名づけられた人間の心情は有限です。そして、中学入試に出題されうるもの、と考えればさらに狭まります。そして、そこから頻出のものを、と考えると、百個くらいなものでしょう。百個、というと多い印象かもしれませんが、多くはお子さんが日常で経験するものです。（それが正確な理解かどうかは別ですが）

まったく新しい概念としての「気持ち」は数十個に満たないでしょう。

まずは、気持ち言葉を覚えましょう。

そして、その「気持ち」になるのはどういう「状況」か、そしてどういう「行動」をとるのがふさわしいのか、頻出するもので充分ですので、少しずつ覚えていくようにしましょう。

コラム③　日記のススメ

第一章で、「状況」を学んだのならば、そのことをもとに日記を書いてみると良いです。別に毎日続ける必要はありません。

その日、あるいは数日を振り返って、指定された「気持ち」に合うような「状況」を書いているかどうか、チェックしましょう。

そのときの注意として、「行動」に類する表現はなくとも構いません。「こういうことがあった。くやしかった」という内容で充分です。

あくまで、「状況」の確認を主体として行いましょう。

もし「行動」まで書くことを意識する場合は「作文」という領域になります。それ自体は悪くはないですが、その場合は慣用句や最近読んだ文章からの引用なども行うとより良いでしょう。

第二章　「行動」から「気持ち」を理解する

第一章では、「状況」から「気持ち」を導き出すことを行いました。また「どういった気持ち言葉があるのか」ということを知ってもらうのも目的です。

「状況」から「行動」の次に意識して欲しいことは「行動」からの「気持ち」です。

「状況」→「気持ち」→「行動」という発生順で考えると、逆になります。

「なぜ、この行動をとったのか」ということを考え、その理由が「気持ち」になります。

「行動」から「気持ち」を引き出さなくてもいい？

第一章にて、「状況」から「気持ち」を導くことを行いました。

そして、「気持ち」とは、「状況」を知ることと同じ、と記しました。


「じゃあ、『状況』さえわかれば、『行動』がわからずとも『気持ち』がわかるのでは？」

と、思うかもしれません。

しかし、実際はそのように上手くはいきません。

第一章では、短文中心で「気持ち」を導くことを練習しましたが、実際のテスト・テキストの文章は長く、どこが「状況」にあたるのか、わかりにくい場合があります。

しかし、物語文の問題には「行動」のところに傍線部があり、「なぜ」と理由を問うものが非常に多くあります。

「状況」は探す必要がありますが、「行動」は傍線部によって強調されていますので、見つからない、ということはないでしょう。

また、「状況」がわかりくい、ということは、「状況」から導く「気持ち」を捉え間違えてしまう可能性がある、ということでもあります。

しかし、「行動」から「気持ち」を引き出すことは、「状況」から「気持ち」を導くことと比べ、「気持ち」の方向性がわかりやすい場合があります。

また、「行動」から「気持ち」がわかれば、

「気持ち」に見合った「状況」を探す

ということも行え、記述での「気持ち」の理由部分も書きやすくなり、いいことづくめです。

もちろん、「状況」から「気持ち」を導くことも行いましょう。

しかし、「行動」から「気持ち」を引き出すやり方も知っていれば、心強いです。

問題に立ち向かうための武器は多い方がよいです。そして、問題ごとにどのやり方がふさわしいか、武器を選べれば、より「気持ち」の読み取りの精度は高まります。

この章の「行動」から「気持ち」を引き出す、ということも侮らず、きちんとこなしていきましょう。

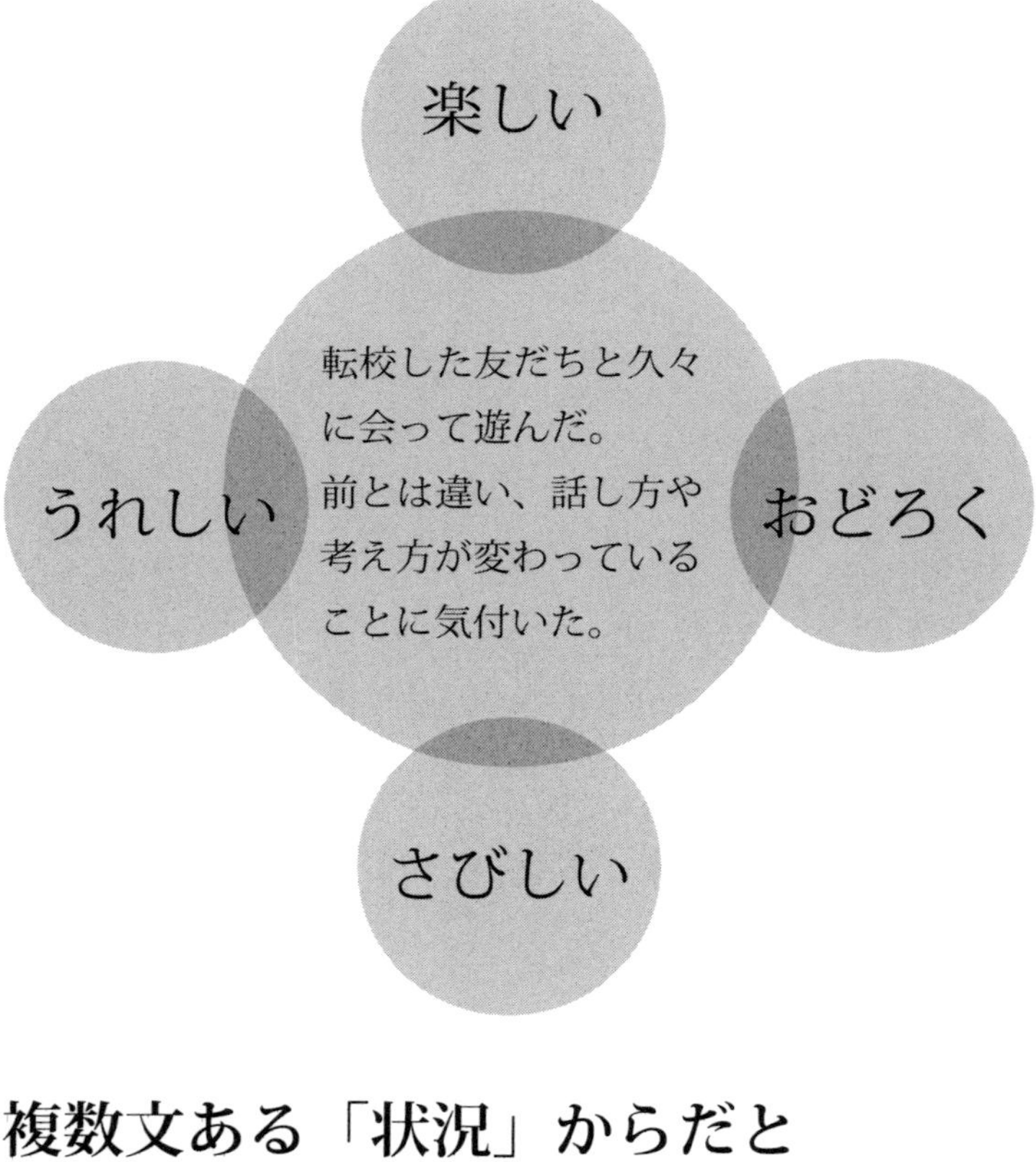
楽しい
うれしい
転校した友だちと久々に会って遊んだ。前とは違い、話し方や考え方が変わっていることに気付いた。
おどろく
さびしい

複数文ある「状況」からだと
いくつもの「気持ち」が導けてしまう。

「行動」から「気持ち」を引き出す前に

まずは、「行動」という言葉の説明から行います。

「行動」とは

動作のみを指しません。表情、様子、セリフ、そのセリフを言うときの口調、情景描写なども含めたものです。

本書では、情景描写の解釈にそこまで踏み込みません。まず意識すべきは、動作・表情などの視覚的に捉えやすいもので、それらを確実におさえていくべきです。

注意すべきは、実際においての行動と、小説においての行動との乖離があることです。第0章ですでに述べましたが、小説固有の表現、文字での様々な感覚の描写を、適切に捉える必要があります。

読書量とその読み取る力は比例すると述べましたが、よく見る表現をこの章で取り上げて、最低限度のものを理解してもらいます。

まず、軽く練習といきましょう。

お子さんにもぜひ取り組ませてください。

問題　「泣く」という行動を、「泣く」と言う言葉を使わずに表現しましょう。
手・顔などの動き、外から見えない体の様子なども考えて答えてみましょう。
答えを読んだ人に「泣いている」と、伝えられるものを5個書きましょう。

〈答え〉

お子さんが書く答えとしては

・涙を流した
・手で目をおおった
・「えーん」と言った

くらいではないでしょうか。

では、実際に入試に出題された文章から、いくつか挙げてみます。

・眼のうちに、急につきあげてくる熱いものを感じた
・視界がぼやけてきた
・目がうるんだ
・目頭をおさえていた
・目が真っ赤になった
・鼻の奥がつんとした

・鼻水をすすりあげた
・のどの奥に鼻水の苦さが逆流してきた
・しゃくりあげた
・(泣いているときに発声して)　声がかすれた

どうでしょうか。一言「泣いた」とすればいいものを、実に多様な表現がなされています。

これらは、「泣いた」という行動をより具体的に、そしてある意味では間接的に描写しているものです。

「行動」から「気持ち」を引き出す前に、まずその前提になるのですが

小説の描写が、いったいどういうことを指しているのかがわかる

ということが求められます。

小学生は、まずその描写が「泣いた」ということを表していることの確認が必要です。

〈 補足 〉

中学受験において、「作文メソッド」というものが一定数の支持を得ています。「自己表現」や「論理性」、「思考力」を身につけるもの、という触れ込みですが、私が見るに「作文メソッド」の最たるメリットは、

「行動」の描写の多様性を意識することだと考えています。

はっきりと気持ち言葉で表現されていない人物の気持ちを読み取らせる設問が物語文では主流です。その「行動」などに対して目を向けられる、ということで、問題を解くのに有用な場合があります。

ただ、中学入試国語の問題を解けるようにする、という目的に対して、遠回りと言えます。

普段から学習しているテキストの文章を復習する際、そういう描写への意識を向けるようにするだけで、充分な域と判断します。

「行動」から「気持ち」を引き出すとは

「気持ち」から「行動」を導く

軽く練習といきましょう。「気持ちのわく流れ」の発生順で考えてみます。

問題　「悲しい」という気持ち言葉から導かれる行動を書いてみましょう。
実際に自分が悲しくなったらどういう行動をとるのか、考えてみます。
あるいは、これまで読んできた小説から借りてきた表現でもいいです。

〈　答え　〉

第0章で一度取り組みましたが、どうでしょうか。
ヒントとして
・「顔」はどういう表情、動きになるのか。
・腕や足を含めた「体」全体ではどうなのか。
・「セリフ」として、どんなことを言ってしまうのか。
・また、他の人から見られた場合、どういう言葉で表わされるか。
・他の人から見ることはできない自分の体の中はどういうことになっているか。
などを分けて考えてみるといいでしょう。
顔……泣く
体……うつむく、手をにぎりしめ震える
セリフ……「え～ん」などの泣き声をあげる
他の人から見る……顔を曇らせた、鎮痛の面持ちだ
自分の体感……胸の奥がつぶれたよう
などが挙げられます。

〈　補足　〉

文章を読むときに、塾の先生から「大事なところに線を引くように」と指導されることがあるか

と思います。

文章のジャンルにより異なりますが、物語文においての大事なところは「気持ち」が読み取れるところになります。

お子さんにも、ぜひ行って欲しいことです。

本来引くべきはずのところに引いていない、というものは、お子さんがその「行動」から「気持ち」を読み取っていない表れでもあり、その確認ができます。


では、そろそろ本題に入りましょう。


「気持ち」からどういう「行動」をとるか、書いてもらいましたが、作文で有用であっても、実際の入試においてはこんな設問はまず出題されません。

反対の「行動」から「気持ち」を引き出す、ということの方が物語文では出題されます。

またも練習といきましょう。

問題① 「笑う」という「行動」から引き出せる気持ちは何でしょうか。
問題② ①で答えた以外の「気持ち」を、「笑う」から引き出すとします。
では、どのように「笑う」と、①で答えた以外の「気持ち」になるでしょうか。
「笑う」という言葉に、修飾語、つまりくわしく説明する言葉をつけてみよう。
問題③ 「泣く」という「行動」から引き出せる「気持ち」は何でしょうか。
5個書きましょう。

〈答え〉

『笑う』

「笑う」からは、ひとまず「うれしい」「楽しい」という「気持ち」が引き出せれば充分です。

ただの「笑う」という「行動」であればそれで充分ですが、この「笑う」というものはたくさんの種類があります。

「苦笑する」「あざ笑う」という「行動」からは、「うれしい」「楽しい」は出てきません。

「どういうふうに笑ったのか」ということも読み取るときに意識しましょう。

「小馬鹿にして笑った」「ニヤッと笑った」「ほほ笑んだ」「せせら笑う」など、いくつもあります。

「行動」の読み取りは、大ざっぱに行わずに、その修飾語まで意識しましょう。

『泣く』

まず当然ながら「悲しい」という「気持ち」が挙げられます。「うれし泣き」という言葉から「うれしい」というのもよいでしょう。同様に「くやし泣き」という言葉もありますので、「くやしい」という「気持ち」もありです。

他には「情けない」「さびしい」「同情する」「後悔する」「感動する」「安心する」なども「泣く」という行動から導き出せます。

このように、ひとつの行動から、いくつもの気持ちを引きだすことが可能です。

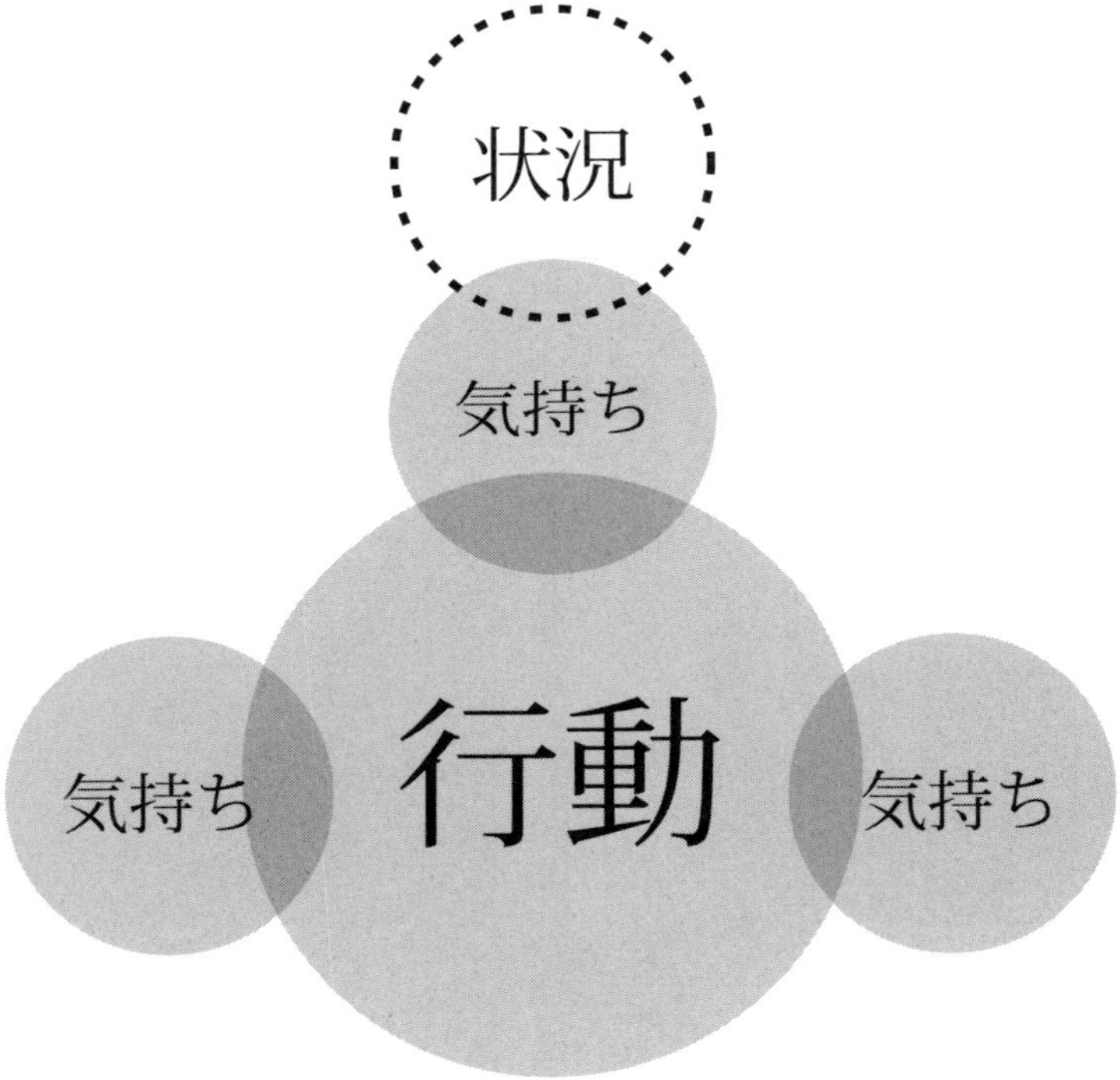

行動からも、気持ちを読み取る。
行動からわかる気持ちの数は少ない。

演習　「行動」から「気持ち」を引き出そう

まだ小学生のお子さんにとっては、すでに知っている、という前提でなく、改めてひとつひとつ確認する、ということが望ましいです。

まずその描写がどういう「行動」を表しているのかがわかり、そしてその「行動」がどういう「気持ち」を示しているのか、考えなくてはいけません。

特に気持ちにつながりやすいものを取り上げていきます。

体の部分ごとに分けていますので、それぞれ確認していきましょう。

「目」に関するもの

「目は口ほどにものを言う」「目は心の窓」、という表現があるように、「目」は気持ちを表すことが多いです。気持ちを表すため、表現が多様です。頻出のものを意識します。

問題　次の「目」を使った「行動」の表現から、引き出せる「気持ち」を考えましょう。

①　目を細める

②　目を見開く（目を見張る・目を皿にする・目を丸くする）

③　目を白黒させる

④ 目をむく
⑤ 目を三角にする（目に角をたてる・目をつりあげる）
⑥ 目を輝かせる

〈答え〉

① 目を細める　…「ほほえましい」「うれしい」、「疑う」

笑顔になると目が細くなるので、「うれしい」、大人が小さな子どもを見る目でもあるので、「ほほえましい」。また、顔で目だけが細く変わる場合は、「疑う」になります。

② 目を見開く（目を見張る・目を皿にする・目を丸くする）
…「おどろく」

どれも目を大きく開ける、ということを伝えています。

③ 目を白黒させる　…「おどろく」「あわてる」

目をキョロキョロさせているということを表しています。

④ 目をむく　…「怒る」「おどろく」

目を大きく開けることを表しています。この場合は、「怒る」も含まれます。

⑤ 目を三角にする（目に角をたてる・目をつりあげる）…「怒る」

にらむようなこわい目つきをしている様子です。そこから「怒る」が引き出されます。

⑥ 目を輝かせる　…「期待する」「夢中になる」「興味を抱く」

目がキラキラしているように見える、ということです。キラキラと輝くもの、つまり、なにかしらよいものが目の前にある場合です。

〈補足〉

① 目を細める　…「ほほえましい」「うれしい」、「疑う」

日本人の表情の作り方として、笑うときは目が細くなります。「笑う」という行動の言い換えでもありますので、「ほほえましい」「うれしい」などが挙げられます。

この表現は、大人が子どもをほほえましい気持ちで見る、と繋がりやすいものでもあります。

さて、「日本人の」と断ったのには理由があります。

以前教えていた、帰国子女で、アメリカンスクールに通っていたある生徒は、目を細める＝笑う、ということが理解できませんでした。周囲には目を細めて笑う人は少なく、親御さんの趣味で洋画ばかり見るご家庭で育ったようです。その生徒自身の表情の作り方も、やや日本人のものとはずれていた印象がありました。稀有な例ですが、お子さんが育つ環境によって、指導する側が想定していないような知識の穴がある、ということを表しているかと思います。

「疑う」という場合は、「目」だけを細めるときに使う表現です。（「笑い」は相応に頬や口元に

も変化があるでしょうが、「目を細める」だけでは当然ながら伝えきれないですね）

サブカル好きなお子さんには「ジト目」や「半目」という表現で納得するかもしれません。

実生活において、この「目を細める」という行為は、視力が低い人には、なじみのある行動です。この「目を細める」ときの気持ちを「遠くのものを見たい気持ち」と答えた生徒もいます。

若干似ていますが、よく見ようとする、つまり発言者の情報に納得しきれないのでちゃんと確かめようとする、ということで「疑う」という気持ちが引き出されます。

② 目を見開く（目を見張る・目を皿にする・目を丸くする）…「おどろく」

「目を見張る」は、おどろきを表していますが、その原因となったものに、「感心する」「感動する」という気持ちが併存する場合があるので、注意が必要です。

「目を皿にする」は、「おどろく」以外に、何かを探し求めるときに使う言葉でもあります。

③ 目を白黒させる …「おどろく」「あわてる」

眼球をせわしなく動かしている様です。（目玉の黒目と白目の部分が強調された表現です）

場合によっては、苦しんでいる様子を表す言葉でもあります。

④ 目をむく …「怒る」「おどろく」

②の目を見開くと同じ動作ですが、一部気持ちが異なります。人間は、特定の気持ちのとき特定の行動をとるわけではない、ということでもあります。

⑥　目を輝かせる…「期待する」「夢中になる」「興味を抱く」

「輝く」という表現は、光を放っている、ということを意味しますが、当然ながら人間の目は発光しません。ただ、瞳孔が開いている場合は、目が輝いているようには見えます。この瞳孔が開いているとき、というのは人が興奮しているときの表れでもあります。

そういう意味では正しい表現ではあります。興奮…テンションが高まっている、ということですから、対象に「期待する」「夢中になる」「興味を抱く」などがあるといえます。

ちなみに、目を光らせる、というのは、見張っている、警戒しているときの様子ですので、同義語ではありません。

問題　次の「目」を使った「行動」の表現から、引き出せる「気持ち」を考えましょう。

⑦　目を疑う
⑧　目を奪われる
⑨　目をぱちくりした（目を瞬いた）
⑩　目を合わせない（目をそらした）
⑪　目が赤い（目がうるむ、目頭が熱い、目頭を押さえる、目尻に光るものがある、など）
⑫　血走った目

〈答え〉

⑦目を疑う　…「おどろく」「意外な」

目の前の出来事が信じられないときに使います。

⑧目を奪われる　…「おどろく」

目の前の光景があまりにもすばらしくて、そこから目がはなせない、ということです。

⑨目をぱちくりした（目を瞬いた）…「おどろく」「理解できない」

意外なことを見た、聞いたときの反応です。

⑩目を合わせない（目をそらした）…「うしろめたい」「興味がない」「反発する」

本当なら目を見る、あるいは見ようとするはずなのに、わざとそうしない、あるいはできないときの様子です。

⑪目が赤い（目がうるむ、目頭が熱い、目頭を押さえる、目尻に光るものがある、など）

…「悲しい」「うれしい」「くやしい」「情けない」「さびしい」「同情する」「後悔する」「感動する」「安心する」など

練習で行った「泣く」ということを表しています。

⑫ 血走った目　…「興奮する」「怒る」

頭に血がのぼる、というように「血」は「怒り」という気持ちに繋がりやすいです。

血走った、つまり目が充血している様を表しています。


〈補足〉

⑩ 目を合わせない（目をそらした）…「うしろめたい」「興味がない」「反発する」
　本来ならば対象に目を向けてもいいのに、自然と、あるいは意識して視線を送らない様子です。見たいと思わない、見ようにも見れない、そのなかに気持ちが表れています。

⑪ 目が赤い（目がうるむ、目頭が熱い、目頭を押さえる、目尻に光るものがある、など）
目に涙が浮かび、それに光が反射して「目が光った」という描写もあります。⑥に出てきた目を光らせるとは当然ながら異なります。

その他

「目」にさまざまな形容詞がつく場合があります。「冷たい目」「あたたかい目」などがそうです。

また「冷たい目線」「あたたかな眼差し」などという目から派生する言い回しもいくつかあります。

これらは温度から来るイメージで受け取りましょう。

「冷たい」からは、「軽蔑する」や「あきれる」などマイナスの感情が、「あたたかい」からは、やさしさからくる「いたわる」「はげます」などのプラスの気持ちが対応します。

他には「目に○○の色が浮かんだ」という言い回しで、○○の部分に直接気持ち言葉が入ることもあります。

「するどい目つき」という場合は、ほぼにらんでいるような目、ということを意味します。その場の行動であれば、「にらむ」から「警戒する」「怒る」などの気持ちを引き出せばよいですが、これが常日頃からしている目つきであれば、特に感情を意識しなくてよいです。

まとめ

① 「目」の描写が、実際の行動としてどのようなものか確認する
② 描写のわかりづらさはあるが、日常的な、実際の行動として伝わるものが多い
③ 無意識的な行動のため、「おどろく」などの反応に近しい気持ちが主となる

「顔」に関するもの

「顔」つまり表情は、感情の反映です。「目」と同様に多様な表現があります。

細かく言えば、「目」「まゆ」「ほほ」「口」などを総合したものです。それぞれの部位の言い回しと重複するものもあります。

問題　次の「顔」を使った「行動」の表現から、引き出せる「気持ち」を考えましょう。

①　顔が（真っ）赤になる
②　顔が青くなる（顔の色をなくす）
③　顔がぱっと明るくなる
④　顔が暗くなる（顔が曇る）
⑤　顔がひきつる（こわばる）
⑥　顔をしかめる（顔をゆがめる）

〈答え〉

①　顔が（真っ）赤になる　…「緊張する」「怒る」「はずかしい」「興奮する」
②　顔が青くなる（顔の色をなくす）…「恐れる」「不安な」「緊張する」など

①、②ともに、血の流れがよくなったり、悪くなったりした様子を表しています。反対のはずの表現ですが、「緊張する」はどちらにもあてはまります。

③　顔がぱっと明るくなる　…「うれしい」「期待する」

④　顔が暗くなる（顔が曇る）　…「不安な」「落ち込む」など

③、④は、表情の明るさの違いです。
明るいとプラス、暗いとマイナスの気持ちを導きます。

⑤　顔がひきつる（こわばる）　…「緊張する」など

表情がかたくなる、自然な表情ではなくなった様子を表します。

⑥　顔をしかめる（顔をゆがめる）　…「不快な」「納得できない」「いらだつ」など

まゆを動かし、みけんにしわをよせた表情です。

〈補足〉

③　顔がぱっと明るくなる　…「うれしい」「期待する」

前になにかしらマイナスの気持ちがあり、それが表情という「行動」になって出ていたものが、解消されるなりして、プラスに転じたときに使います。ただし、同様の「状況」でもある「安心する」とは、関連性が弱いです。

似た表現に「顔が輝く」がありますが、「明るくなる」というときよりも気持ちの度合いが強く、「喜ぶ」とのつながりが強いです。

⑤　顔がひきつる（こわばる）　…「緊張する」など

実際の行動においては、「緊張する」からくる「行動」になります。ただ、小説においては気持ちを害されたがそれを前面に出せずおさえるときなどにも用いられる表現です。

問題　次の「顔」を使った「行動」の表現から、引き出せる「気持ち」を考えましょう。

⑦　ぽかんとした顔
⑧　やわらかい表情（顔）
⑨　表情変えず
⑩　顔を見合わせる
⑪　顔をおおう

〈答え〉

⑦　ぽかんとした顔　…「おどろく」など

口をあけて、目を大きく見開いた様です。

⑧ やわらかい表情（顔）…「いたわる」など

あたたかなほほえみを浮かべた表情です。見ているものに、やさしさを持っている、ということです。

⑨ 表情変えず …「関心がない」「つよがる」など

本来ならば変わるはずなのに、変わらないことから、「関心がない」を引き出せます。

また、わざと表情を変えない、ということもあてはまります。

わざと変えようとしないことから、自分の表情、つまり、気持ちの表れを見せたくない、ということから、「つよがる」があてはまります。

⑩ 顔を見合わせる …（同じ気持ちを持つ）

特に何か気持ちを表しているわけではありません。

顔を見合った人たちが、同じ気持ちを持っている、ということを表します。

⑪ 顔をおおう …「悲しい」「はずかしい」など

自分の顔を手でかくしています。「泣いている」「顔が真っ赤になっている」ことをかくそうとするためです。それらの行動・様子から気持ちを考えます。

〈補足〉

⑨　表情変えず　…「関心がない」「つよがる」など
わざわざ表情を変えないことを強調するのは、本来ならば表情の変化（なにかしらの感情が生まれた）があってもおかしくない場面でもある、ということです。

無意識ならば、気にも留めていない、
意識的ならば、つよがっていることが考えられます。

また、「気持ち」でなく、人物描写にも用いられる表現です。

その場合は「落ち着いている」「冷静」「感情の起伏が乏しい」人物を示すためでもあります。

⑩　顔を見合わせる　…（同じ気持ちを持つ）
この「行動」そのものが、なにかしらの感情をふくんでいるわけではないです。その瞬間に顔を見合わせた人たちが、同じ気持ちを抱いていることを示します。

「共感する」という相手のことを自分のことのように思い、同じ気持ちを抱く「気持ち」がありますが、それとは異なり、同時に同じ気持ちに至った、ということだけを指します。

⑪　顔をおおう　…「悲しい」「はずかしい」など
「顔」と「手」で構成される「行動」です。

手を使い、顔を隠します。自分の顔を見られたくないがための動作です。涙を隠しているのであれば「悲しい」がふさわしいでしょう。

「泣く」から多様な気持ちがあると紹介しましたが、その行動を隠している場合は、そこまで多様に考えずともいいでしょう。
ただ、成人男性の動作ならば、「うれし泣き」を隠している場合もあります。そこからは、当然ながら「うれしい」という気持ちです。
そうでないならば「はずかしい」になることが多いです。

まとめ

① 「目」ほどではないが、無意識の行動のため、「おどろく」「緊張する」と結びつく
② 「表情を変えず」は、意識的か無意識的かで、「気持ち」が異なる
③ 人物描写にも「顔」は扱われる。常に「気持ち」の表れではない

「口」「息」「歯」「舌」など

口に関する表現もなかなか多様です。表情の要素のひとつでもあるので、当然ではありますが。ひとつひとつ確認しましょう。

問題　次の「口」などを使った「行動」の表現から、引き出せる「気持ち」を考えましょう。
① 唇をかむ
② 唇をなめた（口がかわく、つばをのんだ）

③ 口をへの字にした
④ ぽかんと口をあけた
⑤ 口笛を吹く
⑥ ため息をつく

〈答え〉

① 唇をかむ …「くやしい」「がまんする」

「怒る」や「悲しい」という気持ちを素直に表そうとしないときの様子です。「怒る」「悲しい」ということと隠そうとするときの気持ちを考えます。

② 唇をなめた（口がかわく、つばをのんだ）…「緊張する」

「緊張する」という状況では、口がカラカラになる、つばが出てしまう、という反応が起こりえます。

③ 口をへの字にした …「不満な」など

口のはしっこが下がっている様子です。

④ ぽかんと口をあけた …「おどろく」「呆然とする」

ぽかんとした顔、と同義です。

⑤口笛を吹く　…「うれしい」「楽しい」

一瞬だけ吹くのではなく、そのままなにかの歌を吹くことが多いです。思わず歌ってしまうような、プラスの気持ちが考えられます。

⑥ため息をつく　…「呆れる」「悲しい」「感動する」

よくあるのは「呆れる」「悲しい」という「気持ち」になりますので、まずどちらかを疑ってみます。実際に私たちも使っているでしょう。

あまりなじみがないのは「感動する」です。素晴らしいものを見たとき、思わず意味が無い言葉がもれてしまった、というものに近しいです。

〈補足〉

①唇をかむ　…「くやしい」「がまんする」

「気持ち」を直接表さず、抑えようとする「行動」です。「気持ち」を抑えることしかできないことへの「くやしい」、「気持ち」を抑えることそのものに注目した場合「がまんする」がふさわしいです。

③口をへの字にした　…「不満な」など

口角が下がっている様です。生まれつきそういう顔の人もいます。あくまで普段の顔からこのような変化をした場合のみにあてはまります。

⑤　口笛を吹く　…「うれしい」「楽しい」

意識的な「行動」というより、無意識の「行動」となります。同様の表現に「鼻歌を歌う」というものもあります。

どちらも「うれしい」「楽しい」という「気持ち」を表します。

やや注意が必要なのは「口笛を吹く」という「行動」の他の解釈です。やや昔の、コメディタッチな漫画においては「ごまかす」という意味で使われていました。

また、半世紀前の映画ですが、『青い山脈』でも、自分の行動を悟られないようにするため、口笛を吹きながら手紙を本に挟む、という描写があったかと思います。

「ごまかす」という意味合いは、あくまで漫画的な、映像的な表現で、小説においてはそのことを考慮しなくとも良いでしょう。

問題　次の「口」などを使った「行動」の表現から、引き出せる「気持ち」を考えましょう。

⑦　息をのんだ
⑧　せきこむ
⑨　せきばらい
⑩　歯をみせた
⑪　歯をくいしばる

⑫ 歯がガタガタふるえる
⑬ 舌をペロッと出す

〈答え〉

⑦ 息をのんだ　…「おどろく」

はっとした、ということです。おどろいたときに人が思わずやってしまう行動です。

⑧ せきこむ　…「動揺する」

本当に風邪などをひいている場合は別になります。

急にせきこんだ場合は直前にあった出来事、言われた言葉によって、あたふたしてしまい、思わずせきこんでしまったことを示します。

⑨ せきばらい　…（多様な意図）

それまでの話しの流れを変えたい、というときに使われる表現です。
どういう考えがあって話の流れを変えようとしたのかで、気持ちは変わってきます。

⑩ 歯をみせた　…「うれしい」

口を開き、笑顔を作ったために、歯が見えている様子です。

⑪ 歯をくいしばる　…「くやしい」「がまんする」

歯をかみしめている、つまり力がこもっている様子です。「くやしい」という気持ち、あるいは「くやしい」や「怒る」という気持ちを抑えている様子です。

⑫ 歯がガタガタふるえる　…「おそれる」(恐れる)

本当に体が寒い場合は別になります。
目の前にある出来事、人などを、こわがっているときの様子です。

⑬ 舌をペロッと出す　…「バカにする」「はずかしい」

「あっかんべー」など、人をバカにする際に、「舌を出す」という行為をします。

〈補足〉

⑨ せきばらい　…(多様な意図)
厳密には気持ちを表すものではないですが、何かしらの意味があっての行動です。会話や行動をうちきらせたい、こちらに注目させたい、気持ちを切り替えたい、などが挙げられます。

⑫ 歯がガタガタふるえる　…「おそれる」(恐れる)
気温が低い、熱があるときも同様の「行動」をとりますが、それらとは別のものです。目の前の出来事や、これからのことを考え、ふるえている様子です。

⑬ 舌をペロッと出す　…「バカにする」「はずかしい」

「あっかんべー」など、人をバカにする際に、「舌を出す」という行為をします。しかし、ここ数十年くらい、自身の失敗などではずかしさを感じたときに、「舌を出す」という「行動」をとる人もいます。おそらく漫画からなどの表現描写をそのまま実際に使っている結果でしょう。

ちなみに、私が小学生のころ、同級生の女の子が先生にお説教されているときに、この「舌を出す」という行為をしてしまい、火に油をそそぐ結果となってしまったことがあります。私や周りの同級生からはバカにするという意味ではなく、はずかしさの表れだとわかったのですが、先生は理解できなかったようです。

世代によって、あるいは個人をとりまく情報によって、「行動」の認識も変化していきます。大人（両親・先生）が当然こうだと考えるものが、子どもには理解できない、あるいは子どもとは大きく異なる、ということがあります。

文章は大人が執筆したものですから、大人の見方を理解させせます。

まとめ

① 反応でないものも多く、傾向はないのでそれぞれ覚える
② 「せきこむ」・「ふるえる」などは、生理的反応と区別する
③ 「せきばらい」などの能動的行動は、その目的を考える

「声」「口調」「言い方」

この「声」も、さまざまな修飾する言葉があります。
その場の「気持ち」の表れなのか、その人物の性格の描写か、見分ける必要があります。

問題　次の「気持ち」のときに導き出せる「行動」には、どのような「声」「口調」「言い方」があてはまるでしょうか。考えましょう。

①「楽しい」「うれしい」などの気持ちを表す

②「落ち込む」「自信がない」などの気持ちを表す

③「怒る」「不満な」などの気持ちを表す

④「うしろめたい」という気持ちを表す

〈答え〉

あくまで、一例になります。しかし、よくある表現です。

①「楽しい」「うれしい」などの気持ちを表す
明るい声、はずんだ声、黄色い声、うきうきした声

②「落ち込む」「自信がない」などの気持ちを表す
よわよわしい声、消え入りそうな声、小さな声、おずおず話す
ふるえる声、ぼそぼそ話す

③「怒る」「不満な」などの気持ちを表す
低い声、口調をあらげる、声をとがらせる、どなる、ぶつぶつ言う
声がふるえる

④「うしろめたい」という気持ちを表す
早口で話す、つまりながら話す

〈補足〉

セリフの内容も重要ですが、「どのように言ったのか」も同じくらい大事です。
問題の傍線部が「セリフ」だけに引いてある場合、必ず言い方も確認しましょう。
まずは、声の強弱に注目すると良いでしょう。

さて、単元の冒頭で「性格の描写」という場合もあると述べました。

物語文、小説に出てくる人物の性格は、「気持ち」同様に、「行動」で表わされます。

例えば常に「小さい声」の人物がいたとします。この人物はどういう性格といえるでしょうか。

一例として「引っ込み思案」「気が弱い」「泣き虫」などといった人物だと考えられます。

「行動」は常に「気持ち」を表しているわけではない、ということを知っておくべきです。

見分け方として、

・常にそうであるならば、「性格」
・その場で、瞬間的にそうなったのであれば、「気持ち」

と、分けられます。

「こういう性格だから、この言い方は『気持ち』の表現でなく、『性格』だな」と判断することも可能です。

「気持ち」の学習が一区切りついたら、少しずつ性格も学習していきましょう。

まとめ

① セリフと同程度に言い方にも注意する
② 「気持ち」か人物の描写との違いは、一時的か、恒常的かで判断する

「体」「背中」

体がその「気持ち」にどういう影響を受けたのか、ということの表れです。意識した「行動」でなく、自然とそうなってしまった、という反応が多いです。

問題　次の「体」などを使った「行動」の表現から、引き出せる「気持ち」を考えましょう。

①　体がかたくなった（身がすくんだ）
②　体に電流が走った
③　おじぎ（会釈）
④　ぷるぷると震えた
⑤　背を向けた
⑥　背中がぞくっとした
⑦　背筋を伸ばした

〈答え〉

①　体がかたくなった（身がすくんだ）…「緊張する」「こわがる」

びくっとなって、体の動きが止まったときの様子です。

②　体に電流が走った　…「ショックを受ける」など

体に電流が流れたかのような、ビリっとした衝撃を心が受けた、ということです。

③　おじぎ（会釈）　…「感謝する」（「謝る」）「悼《いた》む」

あいさつ以外でと考えると、それほど行うものでないでしょう。日常生活でどういう場合に使うのか、ということを振り返ってみてください。

④　ぷるぷると震えた　…「緊張する」「怒る」「がまんする」など

思わずそうなっている場合は「緊張する」があてはまります。あるいは、「怒る」という気持ちを外に出せず「怒る」気持ちが体の中でたまって、爆発しそうな様子でもあります。

⑤　背を向けた　…「怒る」「関心をもちたくない」

相手に体を向けない、つまり、顔を見たくない、という気持ちの表れです。

⑥　背中がぞくっとした　…「こわがる」（恐がる）など

こわいことがあり、背筋が冷たくなったときの様子です。

⑦ 背筋を伸ばした　…（姿勢を正す、つまり気持ちを改める）

それまでだらけていたものをビシッとする様子です。

〈補足〉

① 体がかたくなった（身がすくんだ）　…「緊張する」「こわがる」

人間の反射的な行動になります。「緊張する」「恐怖する」以外の気持ちはとくに意識せずよいでしょう。

⑤ 背を向けた　…「怒る」「関心をもちたくない」

相手に対して背中を向けること、そのままの意味が当然あります。

また、背を向けた、という表現から、それまでこちらに体を向けていたということです。

その変化は、相手にマイナスの気持ちを抱いているからこそです。

⑥ 背中がぞくっとした　…「こわがる」など

こわいことがあり、背筋が凍ったような感覚です。ただ、この「ぞくっ」という表現は多様に使われています。感動したときや、面白いものに対しての評価にも使われていています。まずは「こわがる」を疑いましょう。

⑦　背筋を伸ばした　…（姿勢を正す、つまり気持ちを改める）

気持ち言葉につながりにくいですが、一応知っておきましょう。それまでだらけていた部分を改めるわけですから、なにかしらの出来事があったと言えそうです。

何か真面目な話が始まった、偉い人が来たなどの出来事から、「緊張する」・「おそれる」・「尊敬する」などの気持ちを導けることも考えられますが、常に注意する表現ではありません。

まとめ

①　人から見てわからない内面的な反応は、「こわがる」・「緊張する」などを疑う
②　「背を向けた」は、相手への拒絶の気持ちの表れと考える
③　「背中」に関する表現は、目的などの行動の解釈に注意する

「胸」に関するもの

心臓があるので、心臓の鼓動など、体の中の変化を強く受ける部分でもあります。気持ちの大きな変化を体感できるところですので、「目」ほどではないですが、数が多いです。

また、この「胸」のイメージとして、「気持ち」が入っている器のようだ、と思っていると理解しやすいです。

「胸」の部分に、「心臓」あるいは「心」が入っても成立する場合もあります。

問題　次の「胸」を使った「行動」の表現から、引き出せる「気持ち」を考えましょう。

①（○○で）胸がいっぱいになる
②胸がおどる（胸をふくらませる）
③胸が空く
④胸が痛む（胸が苦しい、胸がつかえる）
⑤胸を打つ

〈答え〉

①（○○で）胸がいっぱいになる　…「感動する」など

気持ちの入れ物の「胸」が満たされるほどの大きな感情として、「感動する」があります。他には、○○の部分に気持ち言葉が入る場合もあります。「うれしさで胸がいっぱいになった」というような場合です。このときはその気持ちがたくさんある、ということです。当然ながらその場合は「うれしい」などが「気持ち」になります。

②胸がおどる　（胸をふくらませる）　…「期待する」

何か楽しいことがあり、胸がワクワクしている様子です。

③胸が空く　…「さっぱりした」「晴れ晴れした」

胸になにかイヤな気持ちがあり、それがなくなった様子です。

④胸が痛む（胸が苦しい、胸がつかえる）…「悲しい」「せつない」など

悲しみやせつなさが胸に満ちている様子です。

⑤胸を打つ　…「感動する」

胸、つまり心に衝撃を与える、心を強く揺り動かす、ということで「感動する」を表します。

〈補足〉

③胸が空く　…「さっぱりした」「晴れ晴れした」
胸になにかしらマイナスな感情がつまっていた、と考えます。そしてその感情がなくなった、というときの気持ちになります。

④胸が痛む（胸が苦しい、胸がつかえる）…「悲しい」「せつない」など
悲しみやせつなさが胸に満ちている様子です。
類似表現として、「胸に○○が刺さる」という言い回しもあります。○○に入るのは「針」「トゲ」「キリ」など尖ったものが多いです。あるいは、衝撃を与えた「言葉」なども入る場合があります。

⑤ 胸を打つ　…「感動する」

この表現から引き出せる気持ちは、「感動する」くらいしかありません。

特に考えずとも、気持ちにつながる表現です。

行動と気持ちが、一対一で対応しているものは、絶対に覚えるようにしましょう。

まとめ

① 胸=心、と考えると、イメージしやすい

② 「胸がおどる」・「胸を打つ」など、引き出せる「気持ち」が一つのものは確実に覚える

③ 「胸が痛む」は、子どもには未経験の感覚だと考え、丁寧に説明をする必要がある

「心」(「気持ち」)に関するもの

気持ちを表す言葉とは、目に見えない、触れられない心を、表現している言葉です。

しかし、この形がない「心」が実際にあるとして、その「心」がどういう状況かを描写することで、「気持ち」を表す場合があります。

「気持ち」を、「心」と同じように描写することで、「気持ち」を表すこともあります。

胸の表現と重なる部分もありますが、一つずつ確認しましょう。

問題 次の「心」などを使った「行動」の表現から、引き出せる「気持ち」を考えましょう。

〈心 ＋ 温度〉

① 心が熱くなった
② 心があたたかくなった
③ 心が冷たくなった

〈心 ＋ 色〉

④ 心が黒くなった
⑤ 心が灰色になった

〈心 ＋ 重さ〉

⑥ 心が重い
⑦ 心が軽い

〈答え〉

〈心 ＋ 温度〉

① 心が熱くなった … 「夢中になる」「興奮する」「感動する」など
② 心があたたかくなった … 「うれしい」「しあわせな」

③　心が冷たくなった　…　「こわがる」

〈心＋色〉

④　心が黒くなった　…　「絶望する」「激しく怒る」「憎む」

⑤　心が灰色になった　…　「つまらない」

〈心＋重さ〉

⑥　心が重い　…　「落ち込む」「ゆううつな」

⑦　心が軽い　…　「安心する」

〈補足〉

〈心＋温度〉

一般的に、温度は高いとプラス、低いとマイナスを意味します。

③「心が冷たくなった」の「こわがる」は、慣用句の「肝を冷やす」と重複するものです。

また、人物描写では、やさしさが無い人を指します。

〈心＋色〉

色のイメージも固定的です。暖色であればプラス、寒色であればマイナスの気持ちです。

〈心 + 重さ〉
「重い」はマイナス、「軽い」はそれまで心が重かったことを示すので「安心する」を表します。

その他

他にもいろいろあるでしょう。例えば、固い・やわらかい、大きい・小さいなど。

その場合は、心を詳しく説明している言葉のイメージをもとに考えるようにしましょう。

その言葉だけでなく、その言葉と対立するものと、比較して考えてみるとわかりやすいです。

＊ 温度による表現の注意

おおむね、温度が高いとプラスの気持ち、低いとマイナスな気持ちとつながりが強いです。

注意すべきなのは「冷めた」という言い回しです。

「冷めた」は、もともと温かいものの温度が下がったときに使う言葉です。

「心が冷めていく」とは、その対象に興味をなくしつつある、ということです。

他にも、「冷めた視線」「冷めた顔」という表現があります。

本人の気持ちのたかぶりがおさまってきた、ということより、周囲と比べて本人の気持ちのたかぶりが低いときに使います。

体感（主観）

同じ人や物、出来事でも個人により受け取り方の差が出ます。「こういうふうに見えた」「こんなふうに感じた」などの表現から、どういう「気持ち」なのかの表れでもあります。

パターン化でき、それほど多くない表現でもありますので、覚えてしまいましょう。

見える・感じる

人間は物事をありのままに見ることができません。自分の考えや気持ちが、見るものに影響を与えてしまいます。そのため、見えているものが自身の気持ちの反映でもあります。

したがって、「どういうふうに見えた」のか、ということも、気持ちをつかむうえで重要です。

また、これは「感じる」という言葉でもほぼ同様に使われています。

問題　次の「見え方」「感じ方」から、引き出せる「気持ち」を考えましょう。

① 大きく見えた（感じた）

② 小さく見えた（感じた）

③ まぶしいものを見るような

〈答え〉

①大きく見えた（感じた）…「尊敬する」「おそれる」「不安な」

「見えた」ということは、本当にそうなったわけではないです。

あくまで、自分にとってそのように「見えた」ということを表します。

「大きく」見えたということは
・相手が大きくなったように感じた
・自分が小さくなったように感じた
ということを表します。

相手が大きくなった、ということは、相手になにかすごいものを感じた、ということです。

自分が小さくなった、ということは、自分になにか自信がなくなった、ということです。

②小さく見えた（感じた）…「あわれむ」「不安な」

①と同様に、
・相手が小さくなったように感じた
・自分が大きくなったように感じた
という二つに分けらますが、②は「相手が小さくなった」ということに注目する場合が多いです。

前まですごいと思っていたものが、実はすごいものではなかったのでは、と考えることで、その相手をかわいそうに思うことが多いです。

③　まぶしいものを見るような　…「尊敬する」「なつかしい」など

この「まぶしいもの」というものは、見る人にとって、見られている人・ものを輝いているように捉えている、ということです。

輝いているから「あこがれる」という気持ちは結びつきやすいでしょう。もうひとつの「なつかしさ」は、見る人がなつかしいと感じたもの・人から思い出される、その時代をとても素晴らしいものと捉えている場合です。

素晴らしい（なつかしい）ものが、輝きを発している、ということになります。そのため「まぶしいものを見る」で「なつかしい」につながります。

〈補足〉

① 大きく見えた（感じた）…「尊敬する」「おそれる」「不安な」など

見ているものが実際に大きくなった、という場合はもちろん除きます。

自分と他者・ものと比べた相対的な見方になります。

見る人にとって、見られている人、ものの存在をより強く感じるようになった、ということです。

プラスならば、「尊敬する」、マイナスであれば「おそれる」などになります。

注意が必要なのは、見る人と見られる人との関係性です。

親が子どもを「大きく見えた」という場合は、子の成長を感じたということでもあるので、「喜ぶ」などの「気持ち」が適切です。（こういった内容は、中学受験国語でよく使われる「テーマ」

と呼ばれるものの領域になってしまいますので、深入りはしません。あくまで、基礎的なものの確認にしぼって進めます）

また、見られる人をそれまでたいしたことがないと思っていた場合、「見直す」という気持ちがふさわしいでしょう。

②　小さく見えた（感じた）…「あわれむ」「不安な」

見る人にとって、見られている人、物の存在が弱くなった、ということです。

これも関係性、特に親子間の場合は注意します。子から親を見て「小さく見えた」という場合は子が成長し、親を一人の人間として見ようとしている、ということでもあります。親を評価することによって、どういう気持ちを抱くのかは文章によりきりです。

味覚

飲む、食べるという動作をしているときに、どういう気持ちになっているのか、それを知るヒントとして「どのような味か」というのも判断材料になります。

問題　次の「味」に関わる表現から、引き出せる「気持ち」を考えましょう。

①　味がしない

② （いつもよりも） 甘い

③ （いつもよりも） 苦い

〈 答え 〉

① 味がしない …「緊張する」など

目の前の、あるいはこれからのことが気になってしょうがなく、味わうことを充分にできていないということを表します。

その気になっていることが、なにかしら恐ろしいことなら「こわがる」という気持ちもあてはまります。

② （いつもよりも） 甘い …「うれしい」「しあわせな」など

子どもの頃は甘いものがとてもおいしく感じます。

人によって味の好みの差はあるでしょうが、「甘さ」は、プラスの表現として用いられます。

③ （いつもよりも） 苦い …「ゆううつな」など

甘さがプラスにつながる、ということは、苦さは、マイナスの表現となります。

〈補足〉

本当に甘い、苦いと感じるということもあるでしょうが、多くは気持ちの表れです。

特に、苦さを表す飲み物として、「コーヒー」は頻出です。

お子さんから見れば、コーヒーが苦いのは当然で、そのことに別段意味を見出そうとはしないことが多いです。

「いつもより」というヒントがある場合が多いので、それを手がかりにします。

また、コーヒーは苦味のあるものの象徴だけでなく、子どもからみた「大人が味わうもの」の象徴でもあります。

子どもがコーヒーを飲み、苦く感じるのは、「子ども」という要素の表れでもあります。

まとめ

① ものを自分なりに捉えたもの、つまり、どう感じたかも「気持ち」の表れとなる
② 「体感」と対応する「気持ち」は数が少ないので、確実に覚える
③ 「コーヒー」の苦さは、大人の象徴的な扱いのものもあるので、注意する

二章の注意点

① 「行動」から引き出せる「気持ち」は数が少ないので、覚えていく
② 体の動き以外の、五感で感じ取ったものも、「気持ち」の表れになることを知る
③ 実際に行わない動きでも、小説特有の表現があることを意識する

コラム④ 行動からの心情を推測するために、慣用句の知識が必要

「気持ち」を引き出すために、「状況」と「行動」から推測する、というのが解き方の基本です。しかし、「怒る」という「気持ち」を引き出すのに、「行動」の「ムッとする」という言葉だけで十分でしょう。

つまり、「状況」「気持ち」「行動」という3点のうち、「気持ち」という1点が抜けていても、他の2つから推測する、ということだけでなく、特定の「行動」の言葉であれば、「状況」を加味するまでもなく、「気持ち」が推測できる、ということです。

「行動」の1点から、「気持ち」に行きつく言葉はそれほど多くはありません。

しかし、多くないのであれば、それを少しずつでも、確実に蓄積していくべきです。

それらの言葉で、一番割がいい、というか覚えやすいものは「慣用句」になります。慣用句は知識問題だけに出題されるわけではありません。文章においても、「行動」の役割を担うことが多いです。

例えば…

・「息をのむ」から「おどろく」
・「肩をおとす」から「落ち込む」
・「二の足を踏む」から「ためらう」

というように、「行動」のみで、十分に「気持ち」を引き出せます。

中学受験の知識問題、というものは、読解の礎となります。

また、出題された場合は、確実に取りたい得点源でもあります。

メリットがたくさんです。後回しにせずに、日々コツコツ取り組みましょう。

コラム⑤　本書の例外　「解釈の差」と「テーマ」

①　登場人物と読み手の解釈との差

「状況」からどういった「気持ち」に至るのか、そこには個人差が存在します。

様々な性格のお子さんがいるなかで、どう感じるのかは、本来ならば多様です。

（本書は、あくまで、ごく基本的な気持ちの理解を念頭に置いています）

しかし、読み手である個人の性格のみに還元できない要因もあります。

「時代性」「地域性」「性別差」「年齢差」などが挙げられます。これらは主に四十字以上の記述で常に意識する要素でもあります。

機会があれば、次の本で語りたい部分です。

② テーマと呼ばれるもの

中学受験の国語でよく言われる言葉として「テーマ」と呼ばれるものがあります。「テーマ」とは一体何なのか、問題文の中心的な内容、話題、筆者が伝えたいこと、などと色々な表現がされています。

物語文でテーマとは

「特定の関係で、特定の状況で、特定の心情になる」ものを、まとまりとして捉えたもの

だと、私は考えます。本書で言うところの「状況」と「気持ち」が、強く結びつき、ワンセットになっているもの、でもあります。

「行動」が含まれていないのは、「テーマ」においてはこの「行動」が暗示的、もしくは描かれずにいる場合が多く、結びつきが弱いので含まずとも良いと考えるからです。

「状況」「行動」からの推測により、より精度を高め、「気持ち」を理解するという旨を書いていますが、この「テーマ」においては、少々例外です。

「行動」が含まれていないということは、「状況」と「気持ち」の結びつきが固定的で、「状況」のみで判断することが可能だからです。

「状況」が拡大されたものが「テーマ」とも言えそうです。

本書では、その前段階の「当たり前の気持ち」に焦点をあてていますので、これ以上ふれませんが、実際に問題を解いてみて、「状況」「気持ち」「行動」の因果関係に違和感があるものは、ひょっとしたら、この「テーマ」かもしれません。

機会があれば、この「テーマ」についてもお伝えできれば、と思います。


本書の内容が、少しでもお子さんの国語力の一助になれれば、幸いです。

第三章　「気持ち」の読み取りを間違えてしまう要因について

①　お子様ご本人の性格的要因

２０１６年４月に出版し、多くの方の手にとっていただきました。

気持ち言葉に特化しすぎた本のために、手にとってくださったのは、物語文の読み取りを苦手としているお子様が多く、また、著作を契機にご入塾していただいた生徒さんも、同様でした。

また、中学受験の学習が本格的に始まる小学四年生より、前の段階から国語を鍛えたい、というご要望もありました。

物語文を苦手とされているお子様、あるいは、低学年のお子様の物語文指導を、出版後に改めて多く行い、旧版では、掬いきれていなかった部分があったと、気付きを多く得ました。

そのために、改訂版は、旧版では掬えていなかった、より基本的な部分、そして、発展へとつながる部分を、追記して参ります。

小学三年生の段階で、すでに、気持ちの読み取りの偏りが存在している

私が指導している個別塾では、小学三年生から、生徒さんを受け入れています。

まだ、中学受験の学習が本格化する前の段階ですが、その段階で、気持ちの読み取りに、偏りがある生徒さんがほとんどでした。


旧版では、お子様が聞いたことあるかもしれないけれど、正確な理解ではないであろう「気持ち」を取り上げました。

あまりに基本的で説明が不要、つまり、他の気持ち言葉と混同がないもので、カットした気持ち言葉として、

「悲しい」


という気持ちがありました。

いまさら、この気持ちの説明も不要でしょう。

「不幸に出会ったときの気持ち」

「心が痛くなるような気持ち」

などと、辞書では説明されています。

比較的、お子様でも体験しやすく、なじみがある気持ち、とも言えるでしょう。

（同種の「怒る」、「うれしい」という気持ちに関しては、「気持ち」の強弱を意識してほしいために、「いらだつ・怒る」、「うれしい・よろこぶ」と、セットにして、解説しましたが。）

ところが、この「悲しい」という気持ちを、別の気持ちがあてはまる「出来事」と、結びつけて考える生徒さんと、何人も出会いました。


「友達に、悪口を言われたとき、どんな気持ちになる？」

「友達に、いきなり、たたかれたら？」

「お父さんに、ほんとは悪くないのに、怒られたら？」

「お母さんに、宿題をもうちゃんとしたのに、『宿題しなさい！』って、言われたら？」

「先生に、『君より他の子がいい子だ』って、言われたら？」

「近所の人に、『おはよう』って、あいさつしたら、『もっと大きな声であいさつしろ！』って、注意されたら？」


といういくつかの出来事の例を挙げて、そのとき、どのような気持ちになるのか、という問いかけに、すべてに対して、

「悲しい」

という答えを出す生徒さんが、何人もいました。

呼び水として、「怒る」という気持ちを確認した後ではあったのですが、どれに対しても「悲しい」と表現していました。

もちろん、「悲しい」という気持ちがあてはまらない、というわけでもないです。

ただ、「怒る」という気持ちを、自身が選ぶなかから、なかなか選び出さない生徒さんがいらっしゃいました。

これは、その生徒さんたちが、「怒る」という気持ちを理解していない、ということでもなかったです。

一人一人に確認すると、それぞれ独自の、「怒る」基準というものがありました。

「先生から、こうしちゃダメって言われたのを、わざとやろうとしている子を見たとき」
「自分が一生懸命やっている、ゲームのデータを消されたとき」
「弟妹が、他の子に、いじめられているのを見たとき」

など、多様な怒りポイントがありました。

それを聞くと、確かに、「怒る」という気持ちの、「出来事」にふさわしいものでした。

ただし、それぞれの生徒さんの背景が、表れているものでした。

・「大人の言うことは、ちゃんと聞かなきゃダメ」と、小さい頃から言われている
・そのゲームの、研究会がある中学校の合格を目指している

・ご兄弟を、とても大切にしている

などの環境、状況があった生徒さんたちでした。

そういった、生徒さん自身が、本当に大切にしている教えだったり、ものだったり以外で、

「怒る」

という気持ちに、自発的になることがなかったのです。


いずれも、性格的におとなしく、口数が少ない生徒さんたちでした。

これは、小学校にあがるくらいの年齢では、すでにお子様の性格がある程度形成されて、ご自身に対して、何かイヤな出来事があった場合、

「悲しい」と、自身に気持ちを向けるのか
「怒る」と、相手に気持ちを向けるのか

いずれかの傾向に分かれやすいのでは、と考えます。

ちなみに、本来ならば「怒る」という気持ちを持ってほしいのに、「悲しい」という気持ちになってしまった例をあげましたが、その反対、本来ならば「悲しい」という気持ちがふさわしいのに、「怒る」という気持ちを持ってしまい、気持ちの読み取りが間違ってしまった、という例は、三年生の

段階では、あまりありませんでした。

理由として、低学年向けの教材であれば、主人公は、問題を解く生徒さんと同年齢に設定することが多く、話を展開させるために、活発で、能動的な人物を主人公に設定することが多いからです。

必然的に、その主人公が、出来事をどのように判断するのかは、「悲しい」よりも「怒る」のほうが、親和性が高く、「怒る」という気持ちと判断すると、正解することが多いからです。

これが、四年生くらいの出題文になると、少しずつ、「悲しい」という気持ちに、つまり、多種多様な、マイナスな出来事を扱った文章が増えます。

そうなったら、「悲しい」という気持ちを持ちやすい生徒さんが有利になり、「怒る」という気持ちを選びやすい生徒さんが不利になるかというと、それはあまりないように思えます。

理由としては単純で、「悲しい」という気持ちが、答えにあまり使われないためです。

「悲しい」は包括的すぎる表現でもあるために、「さびしい」、「心細い」、「落ち込む」、「ゆううつな」などの、他の「気持ち」言葉に置き換えられます。

また、そういった「気持ち」を、導く「出来事」というものが、なかなかに、深刻なものが増えてきます。

そのため、「怒る」という気持ちを持ちやすい生徒さんからすると、自分自身の状況とは大きく異なるので、かえってご自身の感覚と結びつけないで、「気持ち」を考えることができるように見受けられます。

いずれにせよ、お子様ご自身の性格に根差した気持ちの読み取りが主体となりがちです。

まずは、お子様ご自身が、どのような性格に属するのか、そして、その結果、どういう気持ちを抱きがちになるのか、それを確認しないといけません。

チェックテスト

口数や、表情の変化で、指導する側としては、判別できることが多いですが、比較対象となる、同世代のお子様と接していないと、親御様では、判別が難しいかもしれません。

というわけで、簡単な識別の方法を紹介します。

次のチェックテストを、実際に、お子様に試してみてください。

チェックテスト

「悲しい」という気持ちにつながるような「出来事」を、三分間で、できるだけたくさん言ってみよう。

次に、「怒る」という気持ちにつながるような「出来事」を、三分間で、できるだけたくさん言ってみよう。

「書いてみよう」ということでなく、「言ってみよう」としたのは、「書く」ことに不慣れだった場合、書いている間に次の「出来事」が浮かんできて、思いつく数に差が生じにくいためです。

反対に、「言う」ということが、不慣れなお子様ならば、「書く」ということで、実施しましょう。

当たり前ですが、お子様の傾向に近しい「気持ち」ほど、多くの「出来事」が出ることになります。

ただし、「悲しい」ことの出来事が、お子様ご本人の、これまでの経験を思い出して、言葉がつまりがちになってしまうかもしれません。

その場合は、あきらかに「悲しい」という気持ちが、出来事の反応の土台にあると言えます。

そして、それが、お子様の、「気持ち」を読み取ることの間違いとなりえるものです。

〈　対策　〉

まず、お子様の反応に偏りがあることを、親御様、あるいは、指導者が認識することから始まります。

そして、お子様ご本人にも、やんわりと伝えて、「怒る」という気持ちを持つことが、決して悪いというものでないことを話しましょう。

「悲しい」という気持ちを抱きがちなお子様は、ともすれば、自罰的な傾向が見えます。

まずは、「怒る」という気持ちに、お子様自身がなるような出来事などを確認し、肯定しましょう。

次に、「怒る」という気持ちを持ちやすい人物に関して、触れましょう。

お子様のまわりのご友人でもよいですし、マンガやアニメの人物でもよいでしょう。

要は、「こういうとき、あのお友達（キャラクター）なら、『怒る』よね？」というサンプルのようなものを、お子様にもってもらい、

「その人物ならば、こういうときに、怒る」

ということを、イメージしやすい状態になるとよいです。

物語文を解いているときに、「その人物だったら、どんな気持ちになるかな?」など、投げかけて、ご自身とは異なる感じ方を、繰り返し意識させましょう。

「自分ならば、こういう気持ちになる」

ということから、

「この人物ならば、別の気持ちになる」

というものも引き出させれば、ご自身の感じ方を優先して答えることが減っていきます。

(お子様ご自身の感じたものが、まっさきに出るのは、致し方ないです。ただし、他の感じ方がある、というものを意識するだけで、だいぶ改善されます)

最終的には、「気持ち」の読み取りとして、やはり「行動」から考える、ということを習慣づけるようにしましょう。

第二章の『「行動」から「気持ち」を理解する』の問題として扱っている「行動」から「気持ち」を引き出すことを、何度も出題しましょう。

また、物語文を読むときに、「気持ち」が表れている部分に線引きをする習慣をつけましょう。

そして、線引きした「行動」があっているのかどうか、だいたいでよいので、確認しましょう。「出来事」から判断するから、間違えてしまうので、「行動」から「気持ち」の見当をつけるということを、物語文を読むたびに確認していきましょう。

（とはいえ、「出来事」から「気持ち」を考えざるをえない場合もあります。「行動」だけで考えないように、前述の、「自分以外の人物なら別の気持ちになる」という確認も行いましょう）

まとめ

① お子様は、小学三年生の段階で、「悲しい」、あるいは、「怒る」気持ち、いずれかに反応しやすくなっている場合がある

② 「自分以外の人物が、自分とは異なる気持ちになる」ということがぱっと浮かぶような、人物のサンプルを持つ。お子様と、同年代の人物・キャラクターがよい

③ 物語文を読むときは、「気持ち」が表れている「行動」に線を引くことをしよう。そして、「行動」から、「気持ち」を考えることを、まず行うようにしよう

＊ **注意**

旧版を書いたときと、この改訂版を書いているときの、私個人の大きな変化に、子どもが誕生した、ということがあります。

『自分に子どもがいなければ、教育に責任を持って臨めない』という類の表現は、大嫌いなのですが、私自身が子どもを持つ身となって、ひとつ、理解したことがあります。

それは、

「子どもの行動を、ともすれば、全肯定したい」

という、親御様のお気持ちです。

急になぜこの話題を出したのかというと、「悲しい」という気持ちを、まっさきに導く生徒さんに対して、親御様は例外なく、「うちの子はやさしい」という認識をお持ちでした。

それは、もちろん事実であり、人としての美徳であるのは、疑いようがありません。

ただ、そのために、実生活で本来ならば怒ってもいい場面、状況であっても、「がまんする」ということを選び、その結果「悲しい」という気持ちに至るお子様も、多いと思えました。

反対に、「怒る」という気持ちを導き出しやすいお子様に関しては、「活発」「自己主張をしっかりとできる」という認識の親御様が多いと思えます。

繰り返しますが、いずれも、美徳であり、素晴らしい点ではあります。

ただ、親御様がプラスの面のみに焦点をあてすぎて、マイナスな部分が出てしまうことがあります。

私、つまり、国語という科目を教える立場からは、

「出来事」から、「気持ち」を、正しく導き出せない

という面でのマイナスです。

悲しむことより、怒ることのほうが、お子様の自尊心を守ることに繋がることもあるでしょう。

怒ることよりも、悲しむことのほうが、お子様の内面を豊かにすることもあるでしょう。

どちらかに、偏るのでなく、バランスよく、「気持ち」というものを、抱いてほしいと願ってやみません。

………脱線しますが、

「うちの子は、ユニークだ」


という認識をお持ちで、それを全肯定する親御様には、多少危惧する部分があります。

ユニーク、つまり、他の子とは、異なる部分があり、それを親御様が肯定し続けていると、常識的なもの、当たり前なものとして、大人だけでなく、子どもでも思うものを、学習する機会を奪っている可能性があります。

思考・発想の例外的なものを追いかける前段階に、まずは、基礎基本がわかっていないと、何が例外なのか、わからずにいらっしゃる危険性があります。

ご留意ください。

② 登場人物の性格的要因

性格という要因での「気持ち」の差異

お子様の性格によって、「悲しい」、「怒る」いずれかの読み取りに偏るとしました。

「性格によって、気持ちの読み取りが異なる」

これは、「物語文を読み、そして、設問を解く」お子様にだけあてはまることではないです。

他の誰にあてはまるかというと、

「物語文に出てくる人物」にもあてはまります。


物語文の設問で、たまに、「この人物はどのような性格か」というものがあります。

性格を表す言葉、いくつくらいご存知でしょうか。


ざっと、紹介すると……

あきっぽい、我慢《がまん》強い、あつかましい、控えめな、あまのじゃくな、素直な、あわてんぼうな、落ち着いている、いい加減な、几帳面な、意志が強い、意志が弱い、うそつきな、正直な、おくびょうな、勇敢な、怒りっぽい、鷹揚《おうよう》な、外向的な、内向的な、協調性がある、協調性がない、親しみやすい、冷たい、純粋な、疑い深い、慎重な、大胆な、調子に乗りやすい、自制心が強い、努力家な、怠惰な、恥ずかしがり屋な、目立ちたがり屋な、悲観的な、楽観的な、無愛想な、八方美人な、わがままな、利他的な……

と、実に多様です。

複数の塾でのテキストにおいて、この性格に触れていますが、多いところでは三百以上もの性格を紹介しています。

ひとまず、ちょっとした問題を通して、「性格」というものが、いったいなんなのか、確認してみましょう。

演習　①

次の文にあてはまる性格を表す言葉を、語群から選び答えましょう。

① 散歩のとちゅうで、サイフを落としたことに気付いた。けど、あわてずに交番に行ったら、次の日には、見つかったという連絡がきた。

② お父さんや、お母さん、友達に、そんなことは、やめたほうがいいと言われた。しかし、ぼくは自分の考えを変えることはなかった。

③ テレビで、お母さんとはぐれた子どもが映っていた。その子が泣きだすと、なんだか自分まで悲しい気持ちになってきた。

④ 学校に持って行かなくちゃいけないものを、よく忘れてしまう。

⑤「なんで空は青いんだろう?」気になって気になってしょうがない。
さっそく、図書館で調べたり、パソコンで理由を調べたりした。

⑥ 練習では一度も二重とびができなかったけど、テストではなんとかなると思う。

⑦ 友達が忘れ物をして困っていても、ぼくは知らん顔した。

⑧ 横断歩道の前で、おばあさんが、重いにもつを持って立っていた。
「お手伝いしましょうか」と、ぼくはおばあさんに話しかけた。

⑨ お家のおるすばんをした。夜なのに一人きりだった。
窓の外から何か物音がしたので、ぼくはビクッとなった。

⑩ 道で、人とすれちがうときに、肩がぶつかった。
オレは「なにしてんだよ!」と、相手にどなった。

語群
短気 ・ 冷たい ・ 感受性が強い ・ おくびょう ・ 冷静
親切 ・ 強情 ・ 楽観的 ・ 好奇心が強い ・ そそっかしい

〈答え〉

①　冷静
落ち着いている。「怒る」・「あわてる」などの気持ちにならないようなこと。

②　強情
「こうしたい！」と決めたことがあると、他の人に反対されても、やりきること。

③　感受性が強い
他の人の気持ちを、自分のことのように感じること。

④　そそっかしい
落ち着きがなく、あわてやすいので、よく失敗すること。

⑤　好奇心が強い
自分が知らないことがあると、気になって、調べたくなること。

⑥　楽観的
たとえ、今うまくいかないことがあっても、最後には、うまくいくと考えること。

⑦　冷たい
人に対して、思いやりがないこと。相手の気持ちよりも、自分が得することを、先に考えること。

⑧　親切
人のことを考えて、その人にためになるようなことをすること。

⑨　おくびょう
他の人より、こわがったり、失敗をおそれたりすること。

⑩　短気
怒りっぽい人のこと。あるいは、がまんができないこと。

〈補足〉
これらの性格を表す言葉の細部まで、解説すべきでしょうが、本書はあくまで、「気持ち言葉」というものの理解を重点に置いていますので、割愛します。

いずれにせよ、知っておいてほしいのは、性格を答えるとき、

こういう出来事のときに、こういう行動をとったのだから、こういう性格なのでは？

と、考えて解くことです。

「出来事」と、「行動」から考えるというのは、「気持ち」を答えるときと、似ています。

「行動」をする理由に、「気持ち」だけでなく、「性格」も含まれそうです。

また、それだけではなく、

こういう出来事のときに、こういう気持ちになるのは、こういう性格なのでは？

と、考えることもできそうです。

「行動」の理由だけでなく、「気持ち」の理由にもなりえるものです。

つまり、「性格」を知ることで、どういう「気持ち」になるのか、わかりやすい場合がある、と言えます。

これらの性格を表す言葉が、どのような気持ちに結びつきやすいのか、その理解を重要としています。

「気持ち」につながりやすい性格を表す言葉を、次のように分類してみます。

・「怒る」という気持ち言葉につながりやすい性格
　怒りっぽい・短気な・わがままな・気性が激しい

・「不安な」「心配な」という気持ちにつながりやすい性格
気弱な・小心者な・悲観的な・心配性な
・「疑う」という気持ち言葉につながりやすい性格
疑い深い・用心深い
・「許す」という気持ち言葉につながりやすい性格
鷹揚な・おおらかな・お人よしな・温厚な・さっぱりした
・「つよがる」という気持ち言葉につながりやすい性格
意地っ張りな・頑固な・自信過剰な・見栄っ張りな
・「自信がある」という気持ち言葉につながりやすい性格
うぬぼれ屋な・勝気な・強気な・楽天家な
・「自信がない」という気持ち言葉につながりやすい性格
依存的な・内気な・おくびょうな・落ち込みやすい
・様々な気持ち言葉につながりやすい、あるいは、「泣く」という行動につながりやすい性格
感受性が豊かな

・多様な気持ち言葉につながりにくい性格
　無関心な・冷静な・落ち着いている

といった分類ができます。

気持ち言葉に関しては、それぞれ細部まで、使い分けまで確認しましたが、性格に関しては、その説明を省きます。

それぞれ、多少の差異はありますが、「特定の気持ちに結びつきやすい」という部分は同じです。

演習②

次の「出来事」から、どのような「気持ち」、「行動」になるのか、考えてみましょう。そのとき、「性格」を意識して、答えましょう。

例題

友達がやくそくしていた時間よりも、30分おくれて待ち合わせ場所にやってきた。

〈性格〉怒りっぽい

［気持ち・行動］怒る・友達にむかってどなる

①　テストに向けて、がんばって勉強して、そして、テスト当日をむかえた。テストの時間になり、机の上に、テストの問題がおかれた。

〈性格〉　気弱

②　友達とケンカしてしまった。それから三日間、友達と口をきかなかった。四日目になって、友達から「ごめんね」とあやまってくれた。

〈性格〉　意地っ張り

③　友達に貸した本が、やぶれて返された。友達はへらへら笑いながら、「ごめんね」と、謝ってきた。

〈性格〉　おおらかな

④　何度も練習してもいい音が出せないでいた。何度も何度も練習して、ようやくいい音が出せるようになった。そうしたら、いつも厳しいピアノの先生から、「よくできたわね」と、初めてほめられた。

〈性格〉　感受性が豊か

〈答え〉

①〈気持ち〉心配な　（不安な、でも正解）
〈行動〉自分が勉強した範囲がテストには出ないんじゃないかって思う、など。

②〈気持ち〉つよがる
〈行動〉友達にむかって、「あんたなんかとは、もう話したくない！」と言う、など。

③〈気持ち〉許す
〈行動〉友達にむかって、「まぁ、しょうがないよねー」と、言う、など。

④〈気持ち〉感激する　（感動する、喜ぶ、などでも正解）
〈行動〉泣き出す、など。

〈補足〉


以上が、「性格」から考えられる、「気持ち」、「行動」になります。

行動には、別解が多くあります。

ふつうならそんなことを言わない場合でも、その性格の人物ならば、思わず言ってしまったりすることがあります。

自分ならば、あるいは、友達ならば、別の気持ちになったかもしれない。でも、こういう性格の人物ならば、どうなのか、考えることが大事です。


すでに触れたように、気持ちを表す言葉は、たくさんあります。

しかし、「性格」そのものを問う問題は、極めて少ないです。

物語文では、あくまで、「気持ち」を答えるのが主流です。

ひとまずは、すでに紹介した、特定の「気持ち」に結びつきやすい性格だけでも、覚えましょう。

まとめ

① 登場人物の性格によって、どのような気持ちになるのか、行動をとるのか、異なることを知ろう
② 特定の気持ちにつながりやすい性格があるので、知っておこう
③ 問題を解く「自分」と、気持ちを問われる登場人物と、性格が違うことをふまえて、気持ちを考えよう

＊ **注意**

ちなみに、この「性格」と呼ばれるものは、人物の気持ちを問われた記述問題において、答えに含むことはあまりありません。

ある出来事からどのような気持ちへとつながるのか、それ自体が性格の表れとも言えます。

そのため、記述問題においては、性格以外の個人差、あるいは、特定の環境で生じる個人差を書くようにしましょう。

コラム⑥　高学年で取り組む文章での「性格」とは何か

低学年では、「怒る」という気持ちを持ちやすい主人公
４年生以降ならば、「悲しい」という気持ちを持ちやすい主人公

が、文章題に出やすいとしました。
（あるいは、物語文で扱われる題材が、単純に「怒る」という気持ちを持ちづらいような、極めて複雑な状況に立たされることが多いものになる、とも言えますが）

受験学年になると、単純に「性格」というものに、還元されるものではなくなりますが、ひとまずは、「性格」というものを、意識しましょう。

「性格」というものを、形成する要素は、多くあります。
どこで育ったのか、どこの時代で育ったのか、どのような親に育てられたのか。あるいは、親がいないのか、どういった教育環境だったのか……

要素が、多種多様にあるので、一概に語れないものがあります。
（機会があれば、そのうち、本で語りたいものですが……）

また、「性格」というものは、学年が上がるにつれて、把握しなければならない要素が一つだけでよいとは言えなくなります。

① 人物の説明に、厚みを持たせるために、二つの性格を表す言葉があてはまるようにし、より立体的に、人物を描く

あるいは、

② 普段はこういう面を見せているのに、実はこんな面があった

という、二面性を演出することがあります。

①に関しては、例えば、

「彼は正義感が強く、努力家だ」

「彼女はやさしくて、おとなしい性格だ」

というように、人物の行動・様子・態度から読み取れる性格が、二つある、というような場合です。

②に関しては、例えば、

「彼は、乱暴だが、仲間にはとてもやさしい」

「彼女は、熱心だが、あきっぽくもある」

というように、一つの面とは、対比的な面がある、という性格です。

一つの、よく見せる面だけに注目してしまうと、対比された、別の性格を見落とすことになりかねないです。

ただ、これは、受験学年時などに意識すればよいことで、ひとまずは、一つの「性格」を、特に、「気持ち」につながりやすいものを、意識すればよいです。

③　登場人物の視点という要因

まずは、物語文の書き方には、二つのものがあるということを知っておきましょう。

よくあるのが、登場人物ひとりの視点から、そのときの出来事が書いてある、というものです。

そして、もう一つは、その場にいないはずの何か、つまりは、神様の視点で書いてある、というものです。

まず、それぞれがどういうものか、紹介しましょう。

一人称の文
いま、ぼくはお母さんからわたされた本を読んでいる。

テストで、物語文の点数がよくなかったから、お母さんが心配して買ってきたものだ。

しつこいくらいに、気持ち言葉の説明がしてある。

たくさんあって、ちょっとイヤになってきた。

「こんなにいっぱい、気持ち言葉ってあるんだぁ……」

と、思わずつぶやくと、

「そうよ。なんでもかんでも、『うれしかった』・『悲しかった』で、すませちゃダメなの」

と、お母さんが言ってきた。

うるさいな、わかったよ、そんなこと。

では、同じ場面を、三人称で書くと、どうなるのでしょうか。

三人称の文

男の子がうんざりした顔で、母親からわたされた本を読んでいる。

「こんなにいっぱい、気持ち言葉ってあるんだぁ……」

男の子がつぶやいた。

「そうよ。なんでもかんでも、『うれしかった』・『悲しかった』で、すませちゃダメなの」

母親は、男の子のつぶやきに同意した。

男の子は、チラッと母親を見て、ほんのすこし、まゆをひそめた。


どうでしょうか。違いがわかりますか。

一人称は、登場人物のひとりの視点と説明しました。

この場合は、「ぼく」の視点で書かれているということになります。

ところが、三人称の文では、「男の子」と表現されています。

「ぼく」は「男の子」であり、「お母さん」は「母親」でもあります。


さっきの例文で、字体が入り混じっていたことには、お気づきですよね。

セリフ……ふつうの字体
地の文……ななめの字体

で、表しています。「　」の部分以外、つまり、セリフ以外のすべてを、地の文と、表現します。

そして、

セリフとは、人物が言った言葉
地の文とは、主に人物の行動。セリフ以外すべて
を示します。

ここで、地の文の説明で、「セリフ以外すべて」ということがポイントです。
どこにいるのか、いま何時くらいなのか、天気はどうなのか、などなど。とにかく、セリフ以外のもの、すべてを地の文で表します。
そして、一人称の地の文ならば、
その人物が思ったことも、地の文で表される
ということになります。
どうやって、一人称か、三人称か見分ければいいのかというと、
地の文で「ぼく」、「わたし」などという言葉がある

のであれば、その人物の視点で語られる一人称の文章、ということになります。

また、「気持ち」を読み取るときに、一人称・三人称の違いを意識しましょう。


いま、ぼくはお母さんからわたされた本を読んでいる。

テストで、物語文の点数がよくなかったから、お母さんが心配して買ってきたものだ。

しつこいくらいに、気持ち言葉の説明がしてある。

たくさんあって、ちょっとイヤになってきた。


一行目に「ぼく」とあるから、この「ぼく」の視点で進む、「ぼく」が主人公のお話、ということになります。

四行目の「たくさんあって、ちょっとイヤになってきた。」という部分が、「ぼく」が思ったことでもあります。

そして、三人称の文章の、同じ部分では、

男の子がうんざりした顔で、母親からわたされた本を読んでいる。

と、「うんざりした顔」と、表されています。

一人称では、主人公が思ったことが、そのまま表される
三人称では、人物が思ったことが、行動で表される

ということが言えます。

一人称では、主人公でない人物の気持ちが問われることが多いので、必然的に地の文で表される主人公の思ったことでなく、主人公が見た人物の行動から、気持ちを読み取ります。

三人称では、当然ながら、人物の行動から、気持ちを読み取ります。

(行動から気持ちを読み取ることを、優先すべきとしている最たる理由でもあります)

＊ **注意**
これまで、多くの生徒さんに、この一人称・三人称の説明、確認を行ってきました。

実は、集団塾ではなかなかに触れない部分でもあり、多くのお子様が、一人称が何か、三人称が何か、ということがわからず、また、区別がついていなかったです。

三人称の視点を、「神様の視点」と表現しました。

以前「その場にいない誰かの視点」と、教えていたら、

「その場にいる女性が、男の子の母親だってわかるのは、関係を知っているから言えることだから、『その場にいない誰か』じゃなくて、知り合いじゃないの？」

と、三人称の例文として示したものを、一人称と認識した生徒さんがいらっしゃいました。

また、一人称で、地の文で「ぼく」、「わたし」とあったら、その人物の視点で語られる、としま

したが、一人称の文でも、主人公を地の文で名前で表現されることがあります。

そのため、地の文で思ったことが書かれている人物が、その文章では、主人公、一人称の視点の保有者とも言えます。

例文

「なぁ、いま、いいか?」

コージが、マリコに話しかけてきた。

「……なによ?」

マリコはけだるげに答えた。これから帰るのに、めんどくさいなぁ。

「今から、ヒマ? ちょっと、つきあってほしいんだけど」

「あたし、すぐに帰らなくちゃいけない用があるから、ムリ」

あっさり断られるなんて、思ってもなかったのか、あぜんとしたコージの顔が見えた。マリコはコージを気にすることなく、教室から出ていった。

早く帰って、塾の宿題やんなきゃいけないっていうのに。話なんか聞いてらんないの。


地の文の中で、さらに、ななめの字体にしたものが、マリコの思ったことになります。

しかし、その地の文であっても、自分自身を指す言葉が、「あたし」でなく、「マリコ」になっています。

三人称の文の中に、ある人物の思ったことがはさまれている、というよりは、一人称の文だけれども、地の文が名前で表現されている、と捉えたほうがわかりやすいです。

小説家になるための指南書の類は、この一人称・三人称の区別をしっかりとつけることを求めていますが、すべての作家さんがそのことを意識しているわけでもないようです。

また、思ったことを、（　）の中に書いて、他の地の文と、区別するという場合もあります。

やはり、絶対的なルールというわけではないです。

まずは、地の文での「ぼく」、「わたし」で、判断するようにしましょう。

「語り手」を、常に信頼しない

一人称、つまり、特定の人物の視点で描かれた場合、注意しなくてはならないことがあります。

それは

ウソのことであっても、本当だと思ってしまうことがある

というものです。

どういうものか、早速紹介しましょう。

①、②の文章は「お客さん」「店員さん」、それぞれの視点から同じ場面を描いたものです。

①「お客さんの視点」から描かれるもの

「ちょっと、この取り皿汚れているんだけど」

私は、店員に向かって、皿の汚れが見えるようにして告げた。

「あっ、大変申し訳ございません！」

そこまでは求めていないのに、その店員は大きく頭を下げた。

すぐに替えのものを持ってきてくれればよいのに、そこまでされることに驚いた。

「いえいえ、そんなに謝らなくてもいいですから、新しいのをお願いしますね」

店員は頭をあげて
「承知しました。すぐにお持ちいたします」

店員は、皿を受け取ると、すぐに背を向けて新しいものを取りに行ったようだ。

ささいなことで、自分の責任でもないことを、しっかりと謝罪する店員に好感を抱いた。


問題①「私」から見て、店員さんはどのような人物にうつったでしょうか。

問題②「読み手であるあなた」から見て、店員さんがどのような人物にうつっていましたが。


では、次に、店員さんからの視点で、この場面を見てみましょう。

②「店員さんの視点」から描いたもの

「ちょっと、この取り皿汚れているんだけど」

うるさい客が文句を言ってきた。だいたい、オレの仕事は皿を運ぶだけで、汚れてるかどうかなんて知らねえよ。

「あっ、大変申し訳ございません！」

とりあえず、深く頭を下げた。いま思ったことが表情に出ていたらまたなんか文句を言われるので、自分の顔が見えないようにするためだ。

「いえいえ、そんなに謝らなくてもいいですから、新しいのをお願いしますね」

今度は、皿の替えを持ってくるのが遅い、なんて言われたらたまったもんじゃない。

こんな安い店使っといて、キレイさとか求めてくんなよ。

「承知しました。すぐにお持ちいたします」

わざわざ汚れを見せつけるようにしていた皿を受け取ると、すぐにキッチンへ向かった。

背中を向けて、客がわかんねーだろうと思って、

「うぜえんだよ、ババア」

とつぶやいた。

とりあえず、キッチンの皿洗いのヤツをどなりつけてやる。

問題③「読み手であるあなた」から見て、店員さんがどのような人物だと、改めて思いましたか。

さて、いかがでしょうか。

お客さんの視点から見て、店員さんの態度は良いものでした。しかし、店員さんの視点で、内心どう考えているかまで見ると、かなりイヤな人物でしょう。

一人称の視点だと、

本当はどうかさておいて、その人物がどのように見えたのかが描かれる

ということごく当たり前のルールがあります。

ここまで極端な人物の印象の差はふつうのお話ではないでしょう。程度の差はさておき、このように事実と誤認している人物がまれに出てきます。

特に、主人公が子どもである（あるいは、大人であっても様々な理由で冷静に落ち着いて見られない）とき事実と違った認識をすることが多いです。

一応、読み手にそれが誤認だということがわかるようなヒントが記されていることが多いです。

さきほどの、客の視点の時に、次のような部分が追加されます。

①　「お客さんの視点」から描かれるもの

「ちょっと、この取り皿汚れているんだけど」

私は、店員に向かって、皿の汚れが見えるようにして告げた。

店員のほほが、一瞬、ひきつったようにも見えた。

「あっ、大変申し訳ございません！」

そこまでは求めていないのに、その店員は大きく頭を下げた。

すぐに替えのものを持ってきてくれればよいのに、そこまでされることに驚いた。

「いえいえ、そんなに謝らなくてもいいですから、新しいのをお願いしますね」

店員は頭をあげて
「承知しました。すぐにお持ちいたします」

店員は、皿を受け取ると、すぐに背を向けて新しいものを取りに行ったようだ。

去り際に、何かつぶやいたような気がしたが、気のせいだろう。

ささいなことで、自分の責任でもないことを、しっかりと謝罪する店員に好感を抱いた。

そんなことを思っていたら、**さっきの店員の、怒鳴り声が、店の奥のほうから聞こえた。**

というように、
・店員のほほが一瞬ひきつった
・去り際に小声で何かつぶやくのが聞こえた
・店員が店の奥でどなっているのが聞こえてきた

などのヒントが盛り込まれ、自身の印象通りではないことが暗示されます。

さすがに、三つもヒントがあると、わかりやすいので、一つだけ、盛り込まれるくらいになりますが。

入試で出題される場合

・主人公が子どもだと誤解したままだが、誤解だとわかるようなヒントを配置して、読み手には気付かせる

・主人公が大人であれば、ストーリーの後半に、気付く描写までセットで扱う

という切り取りの仕方が多いです。

表情や様子など、その場にふさわしくないものが描写されているならば、なぜそうなったのか気にしながら追って読む、ということが必要です。

志望校の過去問で、このような文章が出題されているならば、要注意です。

このことを意識して、はじめて読む段階で得た違和感を大切にし、その違和感を解消するために読む必要があります。

ちょっと、紹介してみましょう。

演習

例文①

来週の日曜日は、私の誕生日だ。

お母さんにお願いして、お誕生日に、お友達をお家によんでもいいことになった。

幼稚園のころからの仲良しの、まゆみちゃんと、さくらちゃんをお家にさそおうと思った。

ふたりからは、小学校に入学してから、ずっと、私の誕生日をお祝いしてもらってる。

ふたりに、来週の日曜日の予定を聞くと、

「……あぁ、ごめんなさい、その日は、用事があるの！」

まゆみちゃんは、私の方を見ずに、目を泳がせながら、言った。

「……そうなんだ……。さくらちゃんは？」

私ががっかりしながら聞くと、さくらちゃんは、

「あたし？　あたしはその日は――」

「さくらちゃん！」

いきなり、まゆみちゃんが大きな声をだした。さくらちゃんは、はっとした顔になって、

「ごめんなさい！　その日はあたしも予定があるの。ほんとにごめん！」

さくらちゃんは勢いよく謝って、それからふたりして、これから用事があるって、お別れした。いつもなら、三人で帰るのに、今日はふたりで先に帰るって言って、私をおいて行っちゃった。せっかくの誕生日だから、ふたりといっしょにいたかったのに……。

今までいっしょにお祝いしてくれてたから、今度の日曜日が私の誕生日だった知ってたはずなのに、それなのに、来てくれないなんて……。

いっしょにも帰ってくれないなんて、私のこと、キライになっちゃったのかな……。


さて、ここまでだと、「私」の誕生日には、友達がふたりとも来てくれず、とてもがっかりしている、ということになります。

しかし、何か不自然な点がありますよね。

では、続きを確認しましょう。

例文②
私の誕生日がとうとう来た……。
お母さんにお願いしてたけど、今日はだれも来てくれない、ということを伝えると、お母さんはなぜかふふって笑ってた。私に友達がいないことがおかしくなって笑ったのかな……。
お母さんは、私がリクエストした、大好きな料理を作ってくれている。

……でも、家族で食べる量よりも、なんか多い。いくら大好きっていっても、私はそんなにたくさん食べるわけじゃないのに……。

「お母さん、そんなにたくさん作って大丈夫なの？」

私が心配しながら聞くと、お母さんは、平気よ平気、ってかんたんに答えてた。

しばらくすると、家のインターホンが鳴った。いつもならお母さんがでるはずなのに、私に「げんかんまで行って、荷物をとってきて」と言ってきた。

私がげんかんまで行って、ドアを開けると、

「お誕生日おめでとー！」

と、まゆみちゃんと、さくらちゃんが、にこにこした顔でいた。

「……え？」

私がおどろいて、かたまっていると、まゆみちゃんが、

「はい！　じゃあ、これから、お誕生日会やるから、お家に入っていい？」

私が答える前に、ふたりとも、げんかんに入って、いつのまにか近くにいたお母さんと、ハイタッチしてた。

……え、これって、私をびっくりさせて、それから、お祝いしてくれるって、ことだったの？


ということで、友達がふたりとも、用事があると言って断ったのは、「私」を、びっくりさせるためだったようです。

例文①だけだと、「私」は、ふたりから嫌われてしまったと思っていたようですが、例文②まで、

つまり、そのあとの流れまで読むと、「私」の勘違いだったことが、ハッキリします。
このように、一人称だと、他の人物がどのように考えていたのか、わからないことがあり、読み手も引きずられてしまうことがあります。
そうならないように、他のヒントとなる部分を見つけないといけません。
例文①では、さくらちゃんの答えをさえぎった、まゆみちゃんに不自然さ
例文②では、お母さんが、友達が来ないと告げられても笑ったり、多めにごはんを作ること
などが、ヒントになります。
読み途中で、なんとなくおかしい、と感じることが大事ですが、難しくても、最後まで読んで実は違った、とわかったとき、それまでの主人公の考えが、勘違いだったと、改めて意識することが大切です。

まとめ

① 文章を読むとき、一人称なのか、三人称なのか、違いを意識して読む
② 一人称の文章は、主人公の視点で語られる。その主人公が見たように書かれているので、それが本当のことかどうか、わからないことがある
③ 読んでいて、ある人物がよくわからない行動や反応があったら、それはその後に明かされる理由があり、その時点では、誤解してしまうようなことがある

＊注意

時代によって、一人称の視点の文章の描写が大きく異なる

一人称は、ある人物の視点で書かれている、としました。

極端な話かもしれませんが、その人物の知識や経験に大きく影響を受けます。

例えば、現代人ならば、

［ぼくは、テレビを見ている］

で、すむ文が、これが、江戸時代の人間が現代にタイムスリップしてテレビを見る、というと、

［拙者の前には、小さな箱がある。その箱には、まるで小さな人間が閉じ込められているようで、その箱から人の姿が見え、声も聞こえてくる。この箱はいったいなんだろうか？］

……なんて表現になるかもしれません。

このように、主人公の知識、経験などを通して、何を見ているのかが描写されるのが一人称の小説と言えます。

しかし、このような一人称が普及したのは、戦後しばらくしてから、と言えます。

戦前では、完全に子ども向けで描いたものくらいかもしれません。

数十年以上前のものならば、

一人称が子どもでも、地の文が大人が見たような描かれ方をする

ということが、主流です。

現代の作品で、子どもの一人称ならば、子どもが見たような描かれ方が多いです。

その現代の作品に触れ過ぎたら、戦前の作品で、一人称で子どもが主人公の作品を読んだときに、大いに戸惑うかもしれません。

時代によって、一人称の描かれ方が異なる、という点、受験学年ならば、おさえておきましょう。

コラム⑦ お子様の読書経験が、読み取りの邪魔をする場合

国語を教える人間としては、お子様が読書をするお時間を持ってほしい、と願っています。

（お子様に「学習」というものを求めて、その結果、読書時間を削ることも求める立場におりますが……）

私個人が読書というものを好み、プラスになる面がある、というだけでなく、当然ながら、お子様にとって、プラスになる面があるから勧めています。

特に強く申したいのが、ジャンル・作家・年代・文庫などに、偏りを持たせずに、読んでほしい、ということです。

偏りが存在することで、お子様が文章題を読み解くにあたり、こちらが想定外の解釈をなさる、ということが、たまにあります。

そういったことが起きないように、なるべく幅広く、読んでいただきたいです。

例えば、以前、次のようなことがありました。

例文
　オレは思わず、

「バカヤロー!」

　と、タロウにどなった。タロウはビクンと体をふるわせて、泣きそうな顔になった。

「オレは別に、お前がキライじゃない…」

　オレがそう言うと、タロウはおどろいた顔をして、なみだでいっぱいになった目を、オレに向けた。

「オレは、ただ、そうやってめそめそして、他のヤツにからかわれるのが、見てるのがいやなんだよ。だから、ちゃんとオレに言い返してこいよ!」

　タロウは、今度はこまったような顔をした。


さて、このような文章があったとします。

短いですが、この中で、「タロウ」が、どのような性格なのか、わかったでしょうか。「オレ」のセリフから、「タロウ」の普段の様子が示されています。また、「タロウ」の態度から、「タロウ」は、気弱な、自信がない人物と言えるでしょう。

かつての生徒さんが似たような描写の文章を読んだときに、

タロウは、感情表現が豊かな性格だ

という誤認がありました。

(ごく一部だけの切り出しなので、ご覧の方がそう思われても仕方ない面があります)

その生徒さんは、この場面の、「オレ」がなにか話すたびに、「タロウ」が表情を変えている、という部分に注目した結果でした。

「オレ」の行動が、「タロウ」の表情というか、気持ちを刺激する行動をとっている、という認識をせずに、

セリフのたびに表情が変わっている

と、解釈したためです。

じっくりと感情の変化を描きたいならば、こういうように、短時間（ごく短い、数行の間、と表現したほうが正確でしょうか）の変化を、丁寧に描写することがままあるかと思います。
しかし、その生徒さんはその可能性が浮かばず、単純に、感情表現が豊かと解釈しました。
この生徒さんが好んで読む作家さんは、表情で気持ちを描写することを好まず、一人称の視点で、その主人公の気持ちが大きく変化することが多く、その変化を情景描写などで表すことが多かったようです。

主人公自身の気持ちの変化だから、表情で表されることがない
情景描写で気持ちを示すのだから、表情で表されることがない
というものに慣れ親しみすぎると、表情が変わる、ということだけで、感情豊か、という認識になったようです。

他の生徒さんでも、似たようなものがありました。
一人称で、主人公の行動を描写が連続している部分に注目して、
この主人公は何か行動したことで、まわりが何か反応した、ということが書かれていない。だから、この主人公は、まわりの人間のことを気にもかけない身勝手な人物だ

と、判断した生徒さんがいました。

先の生徒さんとは異なり、だれかが何かしたら、そのことへのリアクションが書かれているのが基本だといえる描写の本に慣れ親しんだ結果でしょう。

その基本に反して、周囲の反応がない、というのは、その反応すら見ていない人物だ、という認識に至ったようでした。

書き手のクセ、と言えなくもないですが、それ以上に、生徒さんたちの読書経験の偏りが招いた誤読と言えましょう。

多く触れた、慣れ親しんだ文章を、描写のスタンダードとしてしまうことが、お子様にはどうしてもあります。

こういった偏りを持たせないためにも、多様なものを手に取るように、親御様が働きかけてくださると、ありがたいです。

付録① 旧版で、扱われなかった「気持ち」言葉について

旧版では、状況ごとに合わせて、気持ちを説明しました。

だいたい、百個近くの状況をあげて、それにふさわしい気持ち言葉を挙げました。ほとんどの塾のテキスト、テスト、入試問題で取り扱われる気持ちは紹介できたと考えます。

ただ、「行動」とはっきりと分けられないために取り上げなかったり、あるいは、ここ数年で見る回数が増えたと思えるものがあったので、それらの気持ち言葉に関して、説明します。

問題　次の①と②に、共通する気持ち言葉を自分で考えて、答えなさい。
　①は「ぼく」の、②は「オレ」の最後の行動から考えましょう。

①　「この問題を解けたのは、クラスで、ヒロシだけだ」

先生がそう言うと、クラスのみんなが、いっせいに、ぼくを見た。

国語は苦手だけど、算数は得意だ。こんなふうに、ぼくだけ正解、なんてことはこれまで何度もあったから、ぼくはふだんどおりの顔をしていたと思う。でも、そのとき、先生が、

「この問題まで、正解できるなんて、先生は思ってなかったぞ。これは、ちょっと算数が得意だからって、できるような問題じゃない。ものすごくセンスがなきゃできないんだ。それを正解できた。それはとてもすごいことなんだ。ヒロシ、よくやったな」

と、いままでにないくらい、まっすぐなほめ方をしてくれたので、ぼくは頭をかいた。

②　オレの手には、メッセージカードと、一本だけのカーネーションがある。
母の日だからって、かあさんに感謝の言葉を言う気なんてなかった。でも、野球のコーチが、

「今まで、試合の日にお弁当を作ってくれたり、よごれたユニフォームを洗ったり、ほんとは勉強しなさいって言いたいのをがまんして野球をやらせてくれてるのは、だれのおかげだと思っているんだ。感謝の気持ちがあっても、それをきちんと伝えられないヤツは、だれにも応援されなくなる。応援されないと、人は力を出せないんだ。だから、今まで一番応援してくれたお母さんには、ちゃんとお礼をしろ！」

って、しつこく、なんども言ってきたし、花もカードもぜんぶコーチが用意してくれたから、しぶしぶ、母ちゃんにわたすことにした。

「あの……。母ちゃん…」

いつもと違って、小さい声で話すオレを母ちゃんは不思議そうに見てきた。

「これ……」

オレの手元を見た母ちゃんは、とてもおどろいた顔をしてた。こんなの贈るのは、オレだってはじめてだ。

「いつも、ありがと……」

なんとか言い切ったオレは、うつむいたままで、顔をあげることができなかった。

〈 答え 〉

①と② てれくさい

①は、人からまっすぐに、面と向かってほめられたときに抱く気持ちです。
②は、相手に対して何かしらよいことしようとするとき、そのときの相手の反応が気になってしまっているときの気持ちです。

〈 補足 〉

①と②、ある意味反対の状況でしょうか。
①は相手から自分に対しての「ほめる」、②は自分から相手に対しての「ほめる」になります。
①と②では違いますが、相手と自分と、ふたりとも「てれくさい」という気持ちになる場合もあります。
②の場合は、これまでなかなか言い出せなかった、自分とキャラが違うことをするために感じる気持ち、とも表現できます。

問題　次の③と④に、共通する気持ち言葉を自分で考えて、答えなさい。

③「こんな問題なんかカンタンだよなー」
と、ぼくは教室中にひびく声で言った。塾でやっていることとくらべたら、学校でやっていることなんてカンタンだ。できて当然だ。

「……そんなに言うなら、答え、言ってみろ」

と、先生が言ってきたので、ぼくは自信満々に答えた。先生がニヤッとした顔をして、

「その答え、間違ってるぞ」

と言われてしまった。

④　今日は家にすぐに帰って、読みたい本があった。
友達にいっしょに帰ろう、ってさそわれたけど、習い事があるから、いそいで帰らなくちゃいけないって言って、ことわった。

お家に帰ってから、私は時間が経つのを忘れて、夢中になって読んでいた。

そのとき、お家の電話がなった。こんなときに…と思ったけど、家には私しかいないから、仕方ないから出ることにした。

「はい、もしもし？」

ちょっと、低めの声が思わず出てしまったけれど、それは仕方ない。

「……あれ、習い事に行ったんじゃなかったの？」

電話をかけてきた相手は、ついさっき、いっしょに帰るのをことわった友達だった。

〈答え〉

③と④ ばつが悪い

③は正解を言わなければいけないときに間違ったとき。④は家にいないはずなのに、いるのがバレてしまったときの気持ちです。

〈補足〉

③と④、どちらも同じです。

「本来ならばこうあるはずなのに、そうではなかったことを人に知られてしまったとき」の気持ちになります。

「本来こうあるはず」というものが、「ほんとは知られたくなかった」ということもあるでしょう。

③は前者で、④は後者になります。

③は、「はずかしい」という気持ちで代用できますが、④は代用することが難しいです。

同じ気持ちを表す言葉ですが、状況によっては、他の気持ちにあてはまるものもあれば、あてはまらないものもあるので、同義語を意識するよりは、まずその言葉がくるようにしましょう。

個別の塾に行く途中、集団塾の先生とすれ違ったとき、などがあてはまるでしょう。

④は、「気まずい」、「間が悪い」などの言葉でも表現されます。

問題　次の⑤と⑥に、共通する気持ち言葉を自分で考えて、答えなさい。

⑤　小学校一年生のときから、塾に通っていた。塾がない日は、家庭教師が家にきた。毎日毎日勉強した。両親に「K中学校がいい学校だ。あの学校に入れたら、きっと中学高校生活楽しくなるぞ」と言われて、ぼくもそうなのかな、って思って勉強してた。はじめのころはクラスメイトは遊びにさそってくれたけど、いつもことわっているから、そのうちだれからもさそわれなくなった。

なんとか無事に合格して、K中学に通いだしたが、友達が一人も作れず、部活に入る気力もなくて、学校の授業のためにもっともっと勉強しなくちゃいけないとわかった。

ぼくの人生、これからずっと勉強を続けていかなくちゃいけないのかな、と思った。

⑥　テレビドラマに出てくるような、生徒みんなからしたわれる先生になりたくて、学校の先生になった。

ところが、生徒たちは、受験勉強が大切で私の授業中はずっと塾のテキストの問題をやっている。そのことを注意すると、親からものすごいクレームがきた。体育や休み時間でいっしょに遊ぼうとさそっても、けががいやだ、運動がきらい、と、いっしょに過ごすことがない。

生徒たちは、仕方なく通っているのかもしれない。自分が思い描いた先生になれず、もしかしたら、これからもこんな生徒たちしか教える機会がないのだろうか、と思った。

〈答え〉

⑤と⑥ むなしい

⑤、⑥、ともに、自分がこれまで取り組んだものが、意味がないのかもしれないと思い、そして、これから先も今の気持ちがずっと続くかもと思っているときの気持ちです。

〈補足〉

これまでの努力が無駄になり、その努力していたことがいったいなんだったのかと感じ、そして、これから先のことにも希望が持てないときの気持ちです。

まとめ

① 「てれくさい」は、相手がほめる、自分がほめるときの、ふたつある
② 「ばつが悪い」は、「はずかしい」、「気まずい」ふたつに置き換えられることがある
③ 「むなしい」は、これまでの努力が実った、実らないに関わらず、これからに希望が持てないときの気持ち

＊ 注意

「てれくさい」、「ばつが悪い」は、「空気を読める」ということが、前提にあるかもしれません。これらの気持ち言葉は、生徒さんがわからなかったことが多かったです。そして、説明しても、その状況がどうして、はずかしく感じたりするのか、ピンと来ないこともありました。

「空気を読む」と表現しましたが、羞恥心が近いかもしれません。

いずれにせよ、それらの気落ちは、「自分のキャラならば」あるいは「本来ならば」という前提が想定されているために、お子様にはわかりづらいのかもしれません。

お子様が理解が難しい場合は、それらの前提の理解から確認していきましょう。

近年「むなしい」という気持ち言葉を見るようになってきました。

これは、お子様が読む出題文に、相応に苦労、挫折、立ち向かうのが極めて困難な状況が、扱われている、とも言えます。

小学生にとっては、気持ち言葉の理解そのものよりも、その「むなしい」という気持ちに至るまでの状況が実感から遠いところにあるために、理解が困難なケースがありました。

そのために、受験後と、小学校の先生、という身近な状況で出題しましたが……。

とにかく、今回新たに追加した気持ち言葉は、前提の想定、状況の複雑さ故に、お子様にとってはなかなかの鬼門になります。

親御様からも、こういった場合もある、という具合に、いくつも例をあげて、お子様に紹介なさってください。

付録② 「気持ち」についての一覧表

コラム③の「日記のススメ」にて、状況を主とした日記を書いて見ようと、記しました。以下の一覧、そのヒントとしてください。

1 身近なプラスの気持ち

	名称	同義語	状況創作ヒント
①	うれしい		①、②は強弱の違いを意識すること！
②	喜ぶ		
③	楽しい		③は、なにか取り組んでいるとき。

2 身近なマイナスの気持ち

	名称	同義語	状況創作ヒント
①	いらだつ		①、②は強弱の違いを意識すること！
②	怒る		
③	不満な	くやしい	思うようにいかないこと。
④	不愉快な		嫌いな人、できごとに接しているとき。
⑤	さびしい	孤独感を抱く	周りに知り合いがおらず、だれかいてほしいとき。
⑥	情けない		自分、または相手をだめだと思うこと。
⑦	心細い		これから行うことが、自分一人では難しいと考え、誰かいてほしいとき。
⑧	落ち込む		イヤなことがある、またはあったとき。
⑨	がまんする	たえる	イヤなことがっても、そこから逃げ出さずにいるとき。

3　自己と他者の比較から導かれる気持ち

	名称	同義語	状況創作ヒント
①	ねたましい	しっとする・うらやましい	人とくらべるもの（自分自身） …体（身長・体重・スタイル・顔） 能力（運動神経・かしこさ）　…　スポーツの勝敗・競技の結果・テスト結果、など。 芸術関係（音楽・絵画・歌）　…　技術（演奏などの）上手い下手、など。 人とくらべるもの（親など家族をふくめる） …職業・経済力・家柄　…　お金持ちかどうか・地元の名士（有名な人）か、など。
②	尊敬する	あこがれる・敬う	
③	親しみを抱く	共感する・親近感を抱く	
④	あわれむ	同情する・かわいそう・気の毒に思う	
⑤	けいべつする	見下す・馬鹿にする	
⑥	劣等感を抱く		
⑦	優越感を抱く		

＊あこがれるは、「恋心を抱く」と重なることも。

4　気持ちが反転することが前提となる気持ち

	名称	同義語	状況創作ヒント
①	安心する		不安・心配を盛り込む。
②	さっぱりする	晴れ晴れする	イヤな気持ち・不快感を盛り込む。
③	がっかりする	残念な・失望する	期待することを盛り込む。
④	絶望する		望みがすべてなくなるようなこと、強いショックを書く。

5 現在・過去・未来のことと関係する気持ち

	名称	同義語	状況創作ヒント
①	充実感を抱く	満足感を抱く・達成感を抱く	手間のかかることなど、やりきったとき。
②	うしろめたい	やましい・罪悪感を抱く	悪いことをして、それが誰にも知られていなく、そして、自身がそれを悪いと思っていること。 悪いことをして、もう二度としないぞ、と考える。 悪いことをして、強くしないほうがよかったと考える。 ＊ 悪いこと…道徳的によくないこと、人を傷つけることが多い。
③	反省する		
④	後悔する		
⑤	期待する	楽しみにする・待ち遠しい	これから少し先のことで、自身の関わりが弱い。
⑥	はりきる	意気込む・奮起する	これから少し先のことで、自身の関わりが強い。
⑦	決心する	決意する	これから先のことで、自身の関わりが強く、かつ強く思う。 これから先のことで、自身の関わりが弱く、かつ強く思う（比較的遠い未来によく使われる）。
⑧	願う	望む	
⑨	不安な	心配する	なにかよくないことが起きると考える（あらゆる時間に使う）。

6 行動に関わる気持ち

	名称	同義語	状況創作ヒント
①	あきらめる		あることを、しないことを選ぶ。
②	一生懸命な	必死な	楽しいこと、やらなくてはいけないことをしているとき。
③	気が引ける	気おくれする	あることを、その場の雰囲気からするのをためらう。
④	ためらう	まよう・とまどう	あることを、するかしないか、考える。
⑤	なやむ	こまる	あることを、するかしないか、苦しいくらい考える。 ＊ あること…するしないどちらにも良い悪いことが起きうること。

7 理解に関する気持ち

	名称	同義語	状況創作ヒント
①	納得する		疑問がなくなる。
②	納得できない		説明を受けても、受け入れられないとき。
③	不思議な		よくわからないとき。
④	疑う		説明がウソではないかと考える。その説明がウソと思えるようなことも盛り込むこと。
⑤	けげんに思う		不思議だ、と、疑うの中間の出来事に使う。
⑥	ショックを受ける	衝撃を受ける	知らなかった事実を知らされたとき。「動揺する」より、強い事実を書く。
⑦	動揺する		知らなかった事実を知らされたとき（行動に表れる）。　＊その事実は心に衝撃を与えるくらい、大きなことがよい。
⑧	驚く		予想外なこと、急な出来事に接したとき。
⑨	呆然とする		ショックを受ける、と同様。行動は、なにもしない（できない）ものをともなう。

8 自信に関する気持ち

	名称	同義語	状況創作ヒント
①	意地を張る		間違いに気付くが、それを認めないとき。
②	自信がある		あることができる、と考える。
③	つよがる		本心とは、違った行動をとる。
④	自信がない	不安な・心配する	あることができないのでは、と考える。　＊　あること、は個人差があるから、多くの人にとってどうか。
⑤	無力感を抱く		自分は何もできない、と考える。
⑥	自慢する		すぐれている点を、人に言いふらす。

	名称	同義語	状況創作ヒント
⑦	得意になる		すぐれている点を、発揮できたとき。
⑧	ほこらしい		すぐれている点を、心のよりどころとする。そのことが、本人にとって、とても力を与えていることがある。

9 体感時間に関する気持ち

	名称	同義語	状況創作ヒント
①	夢中になる		楽しいことをしているとき。以前から興味があった、あるいは、思いがけなく楽しくなったものを。
②	あわただしい		やることがいっぱいあるとき。
③	あせる		時間制限などがあるとき。
④	期待する	楽しみにする・待ち遠しい	これから先にある、プラスのことを考えているとき。
⑤	ゆううつな	つらい	これから先にある、マイナスのことを考えているとき。

10 対象にプラスがあり、肯定的にとらえる

	名称	同義語	状況創作ヒント
①	感心する		相手のすごいところを、認める。
②	ほめる		相手のすごいところを、行動に出して認める。 ＊ 状況に差はなく、行動のみに。
③	感謝する	申し訳ない	相手になにか助けてもらったとき。
④	いわう		相手になにか良いことがあったとき。

11　対象にマイナスがあり、否定的にとらえる

	名称	同義語	状況創作ヒント
①	責める		相手がきっかけで、なにかミスがあり、その人のせいにする。
②	敵意を抱く		相手のイヤなところを、許せずにいる。
③	反発する		相手のやることなすこと、許せずにいる。親・先生など年上、あるいは、良い子すぎる同級生によく使う。
④	憎む		相手がよほどひどいことをしたとき。

12　対象にマイナスがあり、プラスの働きかけをする

	名称	同義語	状況創作ヒント
①	いたわる	なぐさめる	相手が落ち込んでいて、それを少しでもなくそうとするとき。
②	応援する	励ます	相手が落ち込んでいて、それをなくそうとするときで、強い言葉、行動がともなう。
③	かばう		相手の失敗を、自分のせいにしようとする。
④	許す		相手の失敗で、自分に不利益があり、そのことを責めずにいるとき。

13　好感に関する気持ち

	名称	同義語	状況創作ヒント
①	好意を抱く		人柄がよい、と感じたとき。同性・異性問わず使う。
②	淡い恋心を抱く		異性をなんとなく気にしているとき。

14 子ども・動物など、弱者に対して抱く気持ち

	名称	同義語	状況創作ヒント
①	ほほえましい		動物・赤ちゃんが関わっているとき。
②	いとおしい		(自分の)子や孫に対して、強い愛情を感じているとき。
③	いじらしい		小さい子ががんばっているのを見たとき。

15 時間・距離が離れていることを思うときの気持ち

	名称	同義語	状況創作ヒント
①	なつかしい		しばらく見ていないモノ・会っていない人を、思い出したり、関わったりしたとき。
②	しのぶ		死者のことを思ったとき。

16 死に関する気持ち

	名称	同義語	状況創作ヒント
①	いたむ		死者のことを思ったとき。死の直後が多いか。
②	しのぶ		死者のことを思ったとき。死後しばらくしてから。
③	無力感を抱く		ある人を助けることができず、死なせてしまったとき。
④	実感できない		死があまりに突然、あるいは、悲しすぎて、そのことに理解が追いついていないとき。

17　複雑な感情を内包する気持ち

	名称	同義語	状況創作ヒント
①	せつない		悲しさ・恋しさの複合。
②	やるせない		怒りや悲しみを、向ける対象がなく、その気持ちを抱え続けているとき。
③	もどかしい		自身の思うように進まず、気持ちがはれないとき。

18　きわめて強い気持ち

	名称	同義語	状況創作ヒント
①	感動する		雄大な自然、素晴らしい芸術作品、人の素晴らしさにふれて、心が動かされるとき。
②	感激する		人の優しさに心が動かされたとき。激しい行動をともなう。
③	有頂天になる		うれしい・喜ぶの最上位の気持ちのたかぶり。

19　状況が複数ある気持ち

	名称	同義語	状況創作ヒント
①	おもしろい	興味を抱く・ゆかい	興味があるもの・学問、あるいは、おかしいものに接したとき。
②	はずかしい		人前に立つ、失敗を見られる、周りと比べて自分がダメだと思う、好きな人と関わるとき。
③	おそれる	こわがる・あこがれる	こわい、あるいは、自身よりもレベルが非常に高い人と接するとき。
④	緊張する		人前に立つ、これから何か大切なことをはじめるとき。
⑤	興奮する		喜ぶ・怒る・楽しみにする、といった気持ちが、おさえきれないくらいのできごと。

◆著者プロフィール◆
前田悠太郎（まえだ・ゆうたろう）

集団塾から、家庭教師を経て、現在個別指導塾で、国語を担当。

同一の手法を教えていても、すべての生徒に効果があるわけではないことを疑問に思う。家庭教師で様々な生徒を担当し、どういう考えで問題を解いていくのかじっくり向き合うなか、その原因が「講師が教えるまでもないと考えた部分での躓きの存在」であることに気付く。その部分を埋める手法・教材を研究する日々。

中学受験国語
「気持ち」を読み解く読解レッスン帖
増補改訂版

2016年　4月　5日　初版第1刷発行
2017年　3月　10日　初版第2刷発行
2017年　8月　21日　初版第3刷発行
2018年　1月　1日　初版第4刷発行
2019年　9月　10日　初版第5刷発行
2020年　11月　20日　改訂版第1刷発行

著　者　前　田　悠　太　郎
編集人　清　水　智　則　　発行所　エール出版社
〒101-0052　東京都千代田区神田小川町 2-12
信愛ビル4F
e-mail：info@yell-books.com
電話　03(3291)0306
FAX　03(3291)0310

＊定価はカバーに表示してあります。
乱丁本・落丁本はおとりかえいたします。

ISBN978-4-7539-3490-4